国語授業アイデア事典

主体的に
学習に取り組む
態度を育てる！

小学校国語科

振り返り

指導アイデア

細川太輔・成家雅史 編著

明治図書

はじめに

　求められる資質・能力として，知識・技能や，思考力・判断力・表現力等だけではなく，学びに向かう力・人間性が求められるようになった。その学びに向かう力・人間性とは何か，それをどのような手立てで育成すべきかは現在模索されている最中であり，具体的な提案はなされていないのが現状である。

　本書では学びに向かう力・人間性の一つである振り返りの方法，手立てを提案するものである。振り返りは児童が自らの学習を客観視し，次の学びにつなげていく重要な能力である。児童主体の学習では何をどのように学ぶのかを自ら発見する必要があるので，振り返りはますます重要になってくると考える。

　振り返りには以下の4つの目的がある。

　1つ目は自分の学習した結果を分析することである。何ができたのかを事実をもとに自分ではっきりと分かることが重要だ。

　2つ目は自分の学習プロセスについて分析することである。児童が現在の状態になるまでにどういう活動をし，どの方法が有効であったか，有効でなかったかを分析することである。

　3つ目は自分の感情を分析することである。何ができたか，という行動や思考だけでなく，感情も重要な振り返る要素だ。主体的であったか，達成感をもてたか，という感情面の振り返りは今後の学習に向かっていくためにとても重要である。

4つ目は自分の変化を分析することである。自分は何ができるようになったのか，どのように変わったのか，変わっていないのか，事実をもとにその変化を理解することである。

　本書では，これらの振り返りを効果的に行い，深い学びをもたらす授業改善をするにはどうしたらよいか，その理論と実践を提案するものである。

　Chapter 1 では理論編として振り返りがどうして今必要なのか，そして振り返りとはどんな種類があり，どのように育成すればよいのかについて説明する。

　Chapter2では準備編として振り返りの手立てについて具体的に述べる。
　Chapter 3 では実践編として低学年，中学年，高学年４つずつ12本の実践事例を紹介する。どれも効果的な事例であり，読者の先生方の参考になることは間違いないであろう。

　本書が児童の主体的・対話的で深い学びを目指している読者の先生方に，少しでもお役に立てたら幸いである。

　2019年４月

細川太輔

目次／Contents

Chapter **3** 実践編
振り返りを工夫した授業プラン

1 学びに向かう力と振り返り

中央教育審議会は以下の図のように育成すべき能力を定めた。

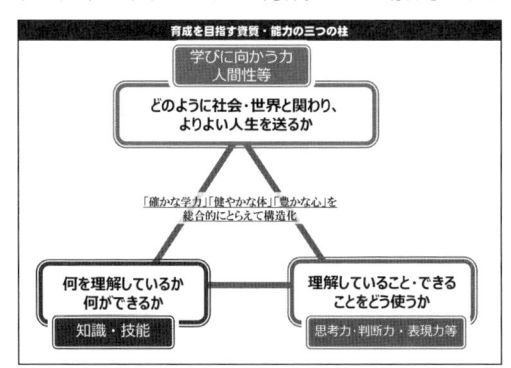

ここから分かることは，知識・技能だけではなく，思考力・判断力・表現力等や，学びに向かう力・人間性等もバランスよく育成することが求められているということである。ここではその中でも学びに向かう力・人間性等に注目する。それは今まで各教科等の中で育成すべきと明示されてこなかった資質・能力だからである。

学びに向かう力・人間性等は中教審答申で以下のように示されている。

①主体的に学習に取り組む態度も含めた学びに向かう力や，自己の感情や行動を統制する能力，自らの思考のプロセス等を客観的に捉える力など，いわゆる「メタ認知」に関するもの。

②多様性を尊重する態度と互いのよさを生かして協働する力，持続可能な社会づくりに向けた態度，リーダーシップやチームワーク，感性，優しさや思いやりなど，人間性等に関するもの。

つまり①で示されたように自らの思考のプロセスなどを客観的に捉える力，つまり振り返りが重要だとはっきりと示されたのである。これから社会は複雑になるにしたがって自らの行動を分析し，自ら学んでいく資質・能力が必要不可欠になってきていると考えられる。

② 国語科における振り返り

　では具体的に振り返りとは何をどうすることを言うのだろうか。大きく分けて４つが重要だと考える。

　１つ目は自分の学習した結果を分析することだ。何ができたのかを事実をもとに自分ではっきりと分かることが重要だ。例えば自分の書いた作文を読み，事例を適切に取り上げて書けたかどうかを分析するような振り返る力が当てはまる。書くことの指導など記録が残るものは振り返るのが容易だが，話す・聞

事例がうまく
使えているかな？

くの指導は記録が残らないので振り返るのが難しいし，読むことも読んで考えたことを書いたり話したり，動作化したりするなど思考を表現させないと振り返るのが困難である。

　２つ目は自分の学習プロセスについて分析することだ。児童が現在の状態になるまでにどういう活動をし，どの方法が有効であったか，有効でなかったかを分析することである。例えば調査報告文を書いているときに本の調べ方がよかった，インターネットの使い方が悪かったなど学んだ結果だけでなく，そのプ

この調べ方だと
うまくいきそう。

ロセス自体も振り返ることで，自分にとって適切な学習プロセスを作り出すことができるようになる。また自分の学習環境について振り返ることも重要だ。自分が文章を書いているときに友達と相談した方が書きやすかったのか，自分で静かに考えた方が書きやすかったのかを分析し，構成を考えるときは友達と相談した方が書きやすかったが，実際に文章を書いているときは１人の方が書きやすかったなど，学習環境の効果を理解できるようになると自ら適切な環境を作り出すことができるようになる。

3つ目は自分の感情を分析することだ。何ができたか，という行動や思考だけでなく，感情も重要な振り返る要素だ。主体的であったか，達成感をもてたか，という感情面の振り返りは今後の学習に向かっていくためにとても重要である。例えば手紙を書いて，相手から返事が返ってきてうれしかったとする。

返事が返ってきてくれてうれしいな。

　その気持ちをしっかりと振り返り，認識しておくことで次に手紙を書くときに，その児童はまた書こうと思うことができると考えられる。特に言語活動の最後には感情面の振り返りをていねいに行い，次の学習への意欲や，自己肯定感を引き出すことが重要だと考える。

　またプラスの感情だけではなくマイナスの感情を認識することも重要だ。最初話し合いでなかなか意見が言えずにつらい思いをしたという認識をもっていれば，なかなか自分の意見が言えない友達に話しかけるなどして，話を引き出そうとすると考えられる。

　4つ目は自分の変化を分析することだ。自分は何ができるようになったのか，どのように変わったのか，変わっていないのか，事実をもとにその変化を理解することである。例えば物語を読んで，最初に考えていたことと，最後に考えていたことを記録にとっておけばその変化を児童が気付くことができる。また

前はうまく読めなかったけれど今は読めるようになったな。

それを教師が価値付ければ，登場人物の心情の変化に注目して読むことができるようになったと，資質・能力と結び付けて振り返ることもできるようになる。

　当然変化についての振り返りは，学習結果だけではなく，学習プロセス，自分の感情など様々な要素で行うことが重要だ。いろいろな要素で変化に気付かせ，自己肯定感を高めたり，自ら学ぶ態度を育てたりしていきたい。

③ 効果的な振り返りを引き出す手立て

それでは振り返りを引き出すにはどうしたらよいのだろうか。
大きく分けて４つの手立てがある。ここでは簡潔に説明する。

文字として記録に残す

振り返りで大切なのは経験や思考，感情という形のないものに文字という
形を与えることだ。文字という形に残すことで，記録になり，その記録をた
どることで変化についても振り返ることができる。確かに１年生では字がす
ぐに書けないので困難な面もあるが，選択式の振り返りと併用しながら口頭
でもよいので，できるだけ言語化させるようにしたい。

相互評価を利用する

自分の行動を客観的に振り返ることは困難だ。そこで相互評価を活用する
ことで客観的な振り返りを引き出すことができる。そのことで自分にはなか
った振り返りの観点を知ったり，自分の行動のどの部分に注目すればいいの
かが分かったりするので，児童が適切に振り返るようになると考えられる。

振り返る習慣を身に付ける

振り返りは突然できるものではない。最初から振り返る前提で活動をして
いないと活動に夢中になっていて終わった後何も覚えていないという状態に
なってしまいがちである。１分でも構わないので毎時間しっかりと振り返る
時間を取ることで，児童は振り返るのが日常になり，その結果振り返ること
を前提として活動することもできるようになると考える。

よい振り返りを紹介する

なかなか上手に振り返って文章化できない児童もいる。その際は適切に振
り返りをしている児童の振り返りを紹介すると児童もイメージして振り返っ
て文章化することができるようになる。

4 振り返りの評価

　学びに向かう力・人間性は主体的に学習に取り組む態度として中央教育審議会は，「児童生徒の学習評価の在り方について（報告）」で以下のように示している。

　　「主体的に学習に取り組む態度」の評価とそれに基づく学習や指導の改善を考える際には，生涯にわたり学習する基盤を培う視点をもつことが重要である。このことに関して，心理学や教育学等の学問的な発展に伴って，自己の感情や行動を統制する能力，自らの思考の過程等を客観的に捉える力（いわゆるメタ認知）など，学習に関する自己調整にかかわるスキルなどが重視されていることにも留意する必要がある。

　主体的に学習に取り組む態度を評価するにはメタ認知，いわゆる振り返りを重視することが求められているのである。どうしても主体的に学習に取り組む態度の評価に，いわゆる手をたくさん挙げて発言している，教師が示した課題に意欲的に取り組んでいる，といった旧来型の評価規準で評価をしがちになってしまう。

　しかし，学習指導要領改訂の背景にあるのは，グローバル化し，変化が急になった現代に対応することにある。そこで重要なのは教師が提示した問題に一生懸命取り組むような態度ではないと考える。自らの活動を振り返って何が問題なのかを発見し，次にどうするべきかを考えたり，自分の学習方法を振り返って，次にどうすべきかを考えたり，自分の感情を振り返って困難な問題に失敗を恐れずに挑戦しようとしたりする態度こそ重要だ。

　児童たちがどのように学習に取り組み，それを次の学習にどのようにつなげようとしているのか，それを児童の振り返りを根拠にして分析していくことで，主体的に学習に取り組む態度を評価することができるだろう。

　Chapter 2以降には具体的な振り返りを引き出す手立てが実践例と共に書かれている。ぜひその事例を参考にして児童の主体的に学習に取り組む態度を評価していただけたらと考えている。　　　　　　　　　　　　（細川太輔）

1 振り返り方法のアイデア

ノート・ワークシート 1 **学習感想による振り返り**

目的

学習感想の振り返りを共有し，自分や学級の学びを見つめ，どのような学びをしているか自覚する力やどんなことに着目して学んでいくか見通しをもたせる。

方法

前時に児童がノートやワークシートに記述した学習感想を本時の導入場面で示す。示し方は，様々な方法が考えられる。例えば，座席一覧表にして提示したり，特定の児童の分を抽出して示したりする。また，授業の導入部分だけでなく，教師が児童同士の学習感想をつないで学習課題を立てたり，児童同士がお互いの学習感想を見て気にかけ合ったりすることで，学び合いを作っていく。

手順

学習感想を活用して振り返るには以下の3つの手順がある。

❶授業で学んだことや新たな問いを書く習慣を身に付ける

学習感想を書かせることは，多くの授業の終末場面で見られる。児童たちは，その場面で，どんな振り返りをしているだろうか。「感想」とあっても，決して「楽しかった」や「おもしろかった」という記述内容では，学習の振り返りではない。分かったことやできるようになったことをはじめ，見付けたことや気付いたこと，疑問に思ったことを含めた，「学んだこと」を書くように促していくことが必要である。

❷全体の学習感想か抽出の学習感想かを選ぶ

読むことの授業を事例として取り上げる。❶のように学習感想が書けるようになると，その時間の自分の解釈が学習感想として書かれる。そうすると，

学んだことを書いている児童の学習感想は，教師のねらいが達成されているかどうかの判断材料となるだけでなく，学習材となり得る。例えば，ある児童の学習感想が，新しい問いになることがある。その場合には，抽出して学習感想を取り上げて，学級のみんなで考えるというような授業の展開ができる。一方で，全員の学習感想を取り上げる場合は，児童たち自身に，学習の見通しがもてていない段階に効果的である。多数の児童が気になっていることを解決したり話し合ったりする材料にすることもできるし，少数だけれどみんなが気付かない視点で読んでいるところを材料にすることができる。

❸学習感想に着目する学び手に育てる

　学習感想に学んだことを書けるようになり，教師が学習感想を学習材として扱っていくと，児童が学習感想を大事にするようになってくる。みんなの目に見られるという相手意識をもって書くようになったり，自分以外の児童がどんなことを書いているのかを意識したりするようになる。次の段階として，授業中に児童側から，「〇〇さんの学習感想にも書いてあったように」や「◇◇さんの学習感想とは別の見方で」というように，他者の考えを受容し自分の考えを発展させるような学び方ができるようにしたい。

留意点

　教師は，意図的・計画的に授業を構想して，目指す学びがある。しかし，児童の学びがずれてしまうこともある。そのようなずれを否定してしまうと，児童は学習感想に教師の評価を意識して書くようになってしまう。これでは，児童の学びは自分のものとして蓄積されていかない。児童たちが学び合うためには，自分以外の学びに着目できるようにしていかなければならない。そのためには，できるだけ全員分の学習感想を見せていくことを勧める。多分に偶発性が高い授業になるが，教師は，児童の学びから，計画や構想を修正したり変更したりしながら授業を進める力を付けていく必要がある。それが，児童同士の学び合い，児童と教師の学び合いのある授業にある要件である。

（成家雅史）

目 的

　日記を用いて客観的に自分や学級の学んだことや学び方を捉えられるようにする。

方 法

　授業中に発言できなかったことを書いていたり，考えがうまくまとまらなかったことを書いていたりする日記を，授業で紹介したり，学級通信に載せたりして，日記に書くことが授業内容の理解を深めたり，日記に書くことで自分の学び方を振り返ったりするようなが2段構えの意味をもたせる。

手 順

　日記を活用して振り返るには以下の3つの手順が考えられる。

❶書くことを見付ける習慣を付ける

　日記を書くという行為は，簡単そうに思えるが，簡単でない。しかし大変なことでも，児童たちが日記を書くという習慣は大切である。まず，書くためには書く話題がないと書けない。日記を書くことの難しさはここにあるとも言える。そこで，書くことを選ぶという方法がある。例えば，友達との休み時間のこと，給食の献立のこと，家での過ごし方，習い事のこと等も候補に入れた上で，授業でよく考えたこと，よく分からなかったこと，もっと考えたいこと等を選択肢に入れておくのである。

❷考え続ける習慣を付ける

　日記の読み手は担任の教師であることが多い。低学年のうちは，教師に伝えたいことや聞きたいこと等が多くあり，選択肢がなくても，書くことがたくさん見付けられるだろう。しかし，高学年になってくると，時間のなさもあり選択肢があることがありがたく感じる児童も多いのが実態である。そこで，授業の終末場面で行うことが多い学習感想をあえて書かないで，日記に

書くこととすることもできる。自主的に授業の感想や振り返りを書く児童も
いるだろうが，意図的に日記に振り返りを書くようにするということである。
この方法のメリットは，授業終了間際に時間がない中で，忙しく頭を回転さ
せて振り返らなくてよいこと，授業後及び日記を書くときまで授業について
考え続けるということである。週に１回程度，実施していくと，授業につい
て自ら振り返る児童が出てくる。

❸学び方を振り返る

　日記による授業の振り返りでは，授業で学んだことを振り返ることもでき
るが，学び方を振り返ることもできるようになる。これは，授業から時間が
経過しているため，自分の行為を客観的に見つめ直す作用が起こるというこ
とだと考える。例えば，積極的に発言ができない児童も，しっかりと自分の
考えを述べている児童に対して羨望していることもある。そういう児童の実
態が分かれば，挙手ばかりで指名することをやめて，意図的に指名し発言の
機会を作ることができる。そのような経験が重なり，次第に挙手して発言で
きるようになる場合もある。また，児童たちは，意外と授業中の友達の意見
を覚えていて改めて自分の考えと比べることもある。授業中には表れなかっ
た学び合いが，日記で表れていることもある。そういう学び合いを授業で紹
介すれば，学び合いが広がっていく。

(留意点)

　日記は，本来児童が書きたいことや教師に伝えたいことを書くものであ
る。その場合，授業で時間がなかったから日記に授業の振り返りを書くとい
うのは，好ましくない。しかし児童が授業に夢中になって日記に授業のこと
を書くことはよくあることである。授業から時間が経過した日記だからこそ，
自分や学級の学んだことや学び方を客観的に捉える力を育成することができ
ると考える。児童が日記に振り返りを書いてきたときに，教師はそれを大切
に受け止めてコメントをし，次の授業に生かしていくことは重要であろう。

（成家雅史）

3 数値化した評価による振り返り

目 的

　数字を用いて視覚的に自分や学級の学びの深まりや学び方を捉えて振り返らせる。

方 法

　振り返りには，個々の学びや学び方の変容や成長，グループや学級としての学びや学び方の変容や成長を技能面，認知面，情緒面での振り返りを数値化し，自己評価，相互評価する方法がある。また，１つの単元を同じ項目で評価し続けて平均値や中央値を示したり，評価を図表やグラフで表したりする。数字は３段階（３・２・１）か４段階（４・３・２・１）が適当である。

手 順

　数字による評価を活用して振り返るには以下の３つの手順が考えられる。

❶何をどれくらい数字で評価するのかを決める

　数字による評価のよさとして，学級のみんなで同じ項目を評価できるということがある。一方で，何でもかんでも数字で評価できるのかという問題もある。記述して言葉で表現してほしいこともあるので，何を数字で評価するのかを精選しなければならない。同時に，数字で評価する項目数も考える必要がある。授業での振り返りであれば，発達段階にもよるが，小学校の場合，３から５項目くらいが妥当である。数が多すぎると，それだけ意識して学ばなければならないことが増えて，振り返りのための学びになりかねないからである。学び合いなら，学び合いの観点，例えば，「友達の意見を理解しようとして話し合いましたか」「自分以外の人の考えと自分の考えを比べて話し合いましたか」等に絞ることが，意味のある数字による評価になる。

❷それぞれの数字の程度を共通理解する

　数字による評価では，一人一人の児童によって数字の意味が異なってしま

っては意味がない。完全にそろえることは難しくても，ある程度，共通理解する段階が必要である。共通理解を図るために，学級全体で１つの項目を評価してみるとよい。例えば，「自分以外の人の考えと自分の考えを比べて話し合いましたか」という場合，具体的に誰と比べたかを言えれば４段階中３点。誰と比べて自分の考えがどうなったかを言えれば４点というように，ある程度の目安を具体的に示すことができるとよい。

❸評価を可視化し共有する

どんな評価でも同じだが，教師のための評価であってはならない。児童自身が，その評価を活用しなければ振り返りにはならない。例えば，グループ学習では，「１つの話題に対して複数の意見をもとに話し合えた」という項目があったとする。５人グループとして，１人ずつが評価して１回目は３段階中平均2.5だったとする。一方で，「一人一人の意見をしっかり聞くことができた」という項目が1.5だったとする。この数字を見れば，自分たちのグループの長所と短所が分かる。また，このような評価を継続していけば，グループで協力的に学習しようという情緒面も高まっていく。それが，次の学び合いへの意欲となる。

（留意点）

数字による評価は３段階か４段階が適当であるとしたが，それぞれの長所と短所を見極めて選びたい。３段階の場合，例えば，「できる」・「どちらでもない」・「できない」というように「できる」，「できない」がはっきりする一方で，「どちらでもない」があり，評価として見えにくい場合がある。４段階の場合，「できる」と「できない」のそれぞれに幅ができてしまうことがある。高学年であれば「どちらかと言えばできる」「どちらかと言えばできない」に意見が集まってしまうことも予想される。

低学年では，数字は使わずに，「できた」「できない」の２つの項目にしたり，絵を選ばせて教師が数字にしたりするという方法もある。いずれにしても振り返りが児童の負担にならないことが大切である。　　　　（成家雅史）

板書 　4　 板書を活用した振り返り

目 的

　板書を用いて視覚的に自分や学級の学びの連続性を意識して振り返らせる。

方 法

　板書には，学習のめあてや児童の発言が書かれることが多いだろう。そして，児童が目にする時間も多いとも言える。教師の板書の仕方も多様である。児童の発言を全て受け止めて板書する教師もいれば，出てきてほしい発言だけを取り上げる教師，はたまた自分が準備した教具を貼っていく方法もある。本稿では，基本的に児童の主体的な学びを重点に置き，児童の発言を中心に板書する立場をとる。

手 順

　板書を活用して振り返るには以下の3つの手順が考えられる。

❶前時とのつながりを確かめる

　国語科の授業は，その1時間が，単元の中でどのような時間であるかを教師と児童が共通理解していた方がよい。そのために板書を活用する。例えば，単元のゴールイメージを教師と児童が共有していれば，本時にはどんな学習を行うか，前時までにどんなことができるようになっているかを導入で確認する。ゴールイメージをあえて共有していない場合では，前時との学びの連続性を確かめる。例えば，前時の学級のみんなの学習感想（振り返り）を一覧にして配布し，その中で注目した振り返りを聞き，必要があれば板書していく。

❷板書をもとに学びを広げる

　板書した振り返りをみんなで，どんなところが注目に値するのかを話し合う。そうすると，自分と異なる観点で振り返っていたり，新たな問いが生ま

れていたりしている点が浮かび上がる。そこから，学びが動き出すことになる。みんなから自分の振り返りが注目された児童は，自分の学びがみんなから評価されたようでうれしく思い，意欲的に学習に取り組むことになるだろう。また，他の児童も，自分の振り返りが注目されることがあるかもしれないと思い，よく考えて学習感想を書くようになる。

❸次時に学びをつなげる

　板書は，その時間の学びそのものである。授業の終末には，板書をもとに，教師から，「今日は，○○さんの振り返りから，こんなふうに考えられましたね」や「今日の学習の中で，一番印象的な発言はどれでしたか」と言って，本時の学びを振り返ることができる。そして，「次の授業でもっとここを考えたい」や「みんなで話し合いたい」ことを学習感想に書いておこうとなれば，次の授業の見通しをもって振り返ることができる。また板書の写真を並べて掲示し，それをもとに振り返りを行うのも変化が見えるので，有効である。本時のみの振り返りではなく，単元全体を見通しながら振り返って次時につなげていくことも重要である。

(留意点)

　児童の振り返りをもとに学びを広げる場合，突飛な内容の方に注目が行ってしまうことが予想されたり，意図的にそのような内容に着目させたりすることもある。そのようなときは，学習感想を匿名にして示すようにしたい。自分の振り返りがマイナスな方向にとられてしまっては，振り返りを書くことが嫌になってしまう怖れがある。

　そして，板書そのものの留意点としては，児童同士の学び合いを促進する授業を目指す場合は，教師が準備しすぎないということも大事である。教師が準備したものを貼っていくばかりだと，児童たちは，学び合っているという意識よりは，教えられているという意識が働いてしまう。ただ，準備し過ぎないというのは，計画を立てないということではない。ある程度の見通しをもつというつもりで，計画を立てるとよいだろう。　　　　　(成家雅史)

ICT ⑤ 動画，文字記録を活用した振り返り

「目的」

ICT を用いて客観的な記録をもとに振り返らせる。

「方法」

児童のスピーチ，話し合いなどの動画や，児童の話し合いを起こした文字記録などの記録を多く取り，振り返る際の根拠にしたり，比較して違いや変化に気付くきっかけにしたりする。

「手順」

ICT を活用して振り返るには以下の3つの手順が考えられる。

❶音声や動きなどの記録を取る

近年タブレット等の発達により，動画や音声を記録することが非常に容易になっている。まずタブレット等で録画，録音できる機材を用意する。そして児童のスピーチ，話し合い，音読劇などすぐに消えてなくなってしまうものを記録する。

❷記録をもとに振り返りをする

記録をもとに，振り返りを行う。その際に児童は自己評価と実際が異なることに気付くことになる。特に児童は自己評価をすることが困難であると考えられる。自己評価を客観的なデータをもとに行うことで，思ったよりできていない，思ったよりできているといった感想を児童がもつことができ，振り返りをより妥当なものにすることができる。特に動画や音声は ICT による記録を取らなければ自分で見たり，聞いたりすることができないので，記憶に頼った主観的な振り返りになりがちである。そのため記録を取って振り返らせることが重要な手立てになる。

❸記録を比較して変化を見る

ICT を用いた振り返りの利点はその場での振り返りをより妥当にすること

だけではない。ICT を用いた振り返りの重要なポイントの2つ目に記録を見比べることができるという点がある。例えば第1時のスピーチの記録と第5時のスピーチの記録を見比べたとする。児童は夢中になって活動しているので，自分の以前の状態がどうであったのか忘れてしまうことがある。そこで以前の記録と現在の記録を見比べて比較することで自分の変化について振り返ることができるようになる。このように自分の成長，変化を振り返ることは，新たな成長につながり，この力がまさに学びに向かう力であると言えるだろう。

　また自分の変化だけではなく，他者と自分の違いを知ることもできるのも大きい。自分の主観だけで振り返るのでは困難である。他者と比較することで，自分が得意なことも分かるし，友達が優れていて自分が足りないことを知ることもできる。そしてその違いを観点として振り返ることで，自己肯定感を高めたり，友達がどのようにできるようになったのかを聞いたりすることができるのである。

(留意点)

❶主観で振り返ることの重要性

　客観的なデータで振り返ることも重要であるが，客観的なデータで全てが分かるわけではない。例えば話し合いのときにどのようなことを考えていたか，どのような気持ちになっていたかなどは記録には残らない。児童の思考や感情は本人しか分からないため，自分が考えたこと，感じたことを主観でもよいのでしっかりと書かせることは重要である。

❷時間がかかる

　話し合いの記録などを用いて振り返る際，話し合いの動画を見ると，時間がかかってしまう。15分の話し合いの動画を見るのにはやはり15分かかるだろう。記憶を頼りに振り返らせれば1，2分で終わるので，これは大きな違いだろう。一単位時間をどのように使うのかを考えて ICT を振り返りに用いていきたい。

（細川太輔）

6 ## 付箋に書かれた友達のコメントによる振り返り

目的

友達からの文字によるコメントを用いて多面的に振り返らせる。

方法

児童が書いた文章やノートなどを交換し，付箋などに文字によるコメントを書いてもらう。そのコメントを根拠にして振り返りを妥当なものにする。

手順

文字によるコメントを活用して振り返るには以下の3つの手順が考えられる。

❶文章などを交換する

児童が書き終えた文章や，本の帯，本のおすすめコメントなどを交換する。書いている途中でもよいが，その場合は後で紹介する口頭でのコメントの方が手軽にできて有効だと考える。どちらかと言えばじっくりと文章などに向き合ってもらいたいときは付箋で交換する方がよいだろう。

❷交換して読み合い，コメントを付箋に書く

書いた文章等を交換して読み合う。そこで教師がコメントする観点を明確に示すことを推奨する。書いた文章に対してコメントを書かせても，「字がきれい」「おもしろかった」というコメントでは意味がない。例えば文章であれば，読んでどんな感想をもつかという内容と，どう工夫されていたかという書き方の両方についてコメントするように観点を絞ると後の振り返りが効果的になるだろう。コメントの下には誰からのコメントか分かるように記名をする。コメントの書かれた付箋を原稿などに貼って次の人に渡し，違う人のコメントを書く。

この活動で大きいのは友達の文章を読んで，この書き方いいなあ，というような新しい観点をもつことができるということである。コメントをしてい

る際に児童は自然と自分の書いた文章と比較しながら書いている。そのため，自分とは違う観点に気付きやすいと考えられる。それにより，振り返る観点が増えるのである。

❸コメントを読んで振り返りをする

友達からもらった複数のコメントをもとに自分の書いた文章などを多面的に分析する。児童ではどうしても見方が一面的になる場合もあるので複数の友達からのコメントは多面的な振り返りをするのに有効である。友達からのコメントで，自分では気付かなかったよさ，修正点が見付かることがある。

この活動で大きいのは自分にはなかった観点を友達からもらえるということである。自分とは違う観点でコメントをもらうと，児童はそういう見方もあったのかとなり，今度自分の文章や友達の文章を読んで評価する際にその観点を使うことができるようになる。そのことにより振り返る観点も増えると考えられる。

(留意点)

❶友達のコメントが的確とは限らない

友達からのコメントをもらっても，それが正しい評価かどうかは分からない。よく書けている文章なのに，的確でない批判を受ける場合もある。そうならないようにいいところを見付けて，いいところのみをコメントする方法もある。また教師も児童の付箋に目を通し，重要な観点が抜けていれば教師自身でコメントをすることも有効である。

❷同じようなコメントになる場合もある

せっかくいろんな友達に見てもらっても，同じようなコメントになってしまう場合もある。特によく書けている文章ほどそうなりがちである。そうならないように違った視点・観点をもっている友達と交換できるよう，教師が交換する相手を選ぶことも有効な手段である。またいろんな書き方を紹介し，予め観点を広げておくことも重要であろう。

（細川太輔）

7 口頭での友達のコメントによる振り返り

目的

友達からの口頭によるコメントを用いて多面的に振り返らせる。

方法

児童が書いた文章や，ノートなどを一緒に見て，口頭によるコメントを書いてもらう。そのコメントをもらった経験を振り返る際の根拠にし，自分の行動に対する振り返りを妥当なものにする。

手順

口頭によるコメントを活用して振り返るには以下の3つの手順が考えられる。

❶文章や図などをもとに相談する

児童が書いた文章や本の帯，本のおすすめコメントなどをもとに相談する。完成品を交換するというよりは，途中で相談するときに，口頭でのコメントは有効であろう。途中での相談では質問や回答，新たな質問というように会話が続いていくことが多く，途中での相談が向いていると考えている。

❷一緒に読み合い，コメントを口頭でする

書いた文章等を交換して読み合うと，同じものを一緒に見ているわけではないので会話が生まれない。一緒に同じ本や文章を読むことで共通理解が生まれ，会話が盛り上がると考える。

この活動で大きいのは友達の文章を読んで，この書き方いいなあ，というような新しい観点をもつことができるということである。口頭で相談している際に，同じものを見ていても見方が違うことを児童は実感するだろう。また見方が違うときにどうして違うのかを質問し，共通理解をすることも考えられるだろう。

❸口頭のコメントをもとに振り返りをする

　友達から口頭でコメントをもらった後，ほとんどの場合は文章を書き直すことになる。そうすると友達と相談してよりよくなった文章をもとに振り返ることができる。例えば文章を書いて，「思う」という言葉では相手に伝わりにくいというアドバイスをもらう。そこで「思う」の代わりに「実感する」に変えたとする。その結果を見て振り返りをすると，「思う」から「実感する」に変えて，より自分が伝えたい言葉にすることができた，今後も適切な言葉を選んで書きたい，というような変化に着目した振り返りができるようになると考える。

　またそこでの振り返りは自分が変化したという結果についての振り返りだけではなく，友達のおかげで変化できたという変化のプロセスについての振り返りも行うことができる。先ほどの例で言えば「友達に相談したら文章がよくなった，今後も友達と相談していきたい」という学習プロセスについて振り返ることができるようになると考える。結果だけではなく，プロセスまで振り返ることが口頭での振り返りの利点である。

（留意点）

❶コメントで変化しない場合もある

　友達からのコメントをもらっても変化しない場合もある。しかしそれはそれで構わないと考える。変化がなくても自分の文章に自信がもてたり，変化はしないものの自分とは違う見方を知ったりすることができる。そのことによって振り返りができ，考え方や見方を広げることができると考える。

❷コメントを忘れてしまう場合もある

　口頭でのコメントなので何を言われたのか忘れてしまう場合もある。その際はメモをするなどして友達からのコメントを残しておくようにする方法もある。しかし筆者は，メモをしなくても思い出せないようなコメントは，それほど重要なコメントでない可能性が高いので，思い出せたものをもとに振り返りをすれば十分であると考えている。

（細川太輔）

⑧ バディによるコメントによる振り返り

［目的］

　バディからのコメントをもとに，客観的に振り返らせる。

［方法］

　話し合い活動や，書く活動などにおいて，自由に相談できるバディを設定し，自分の学びを常にもう一人のバディに見てもらい，コメントをもらう。同じ人に見てもらうので深いコメントになる。

［手順］

　ここでは話し合い活動に焦点を絞って説明する。バディからのコメントをもとに振り返るには以下の4つの手順が考えられる。

❶適切なバディを決める

　話し合いをする際に誰とコメントし合うか，バディをまず決める必要がある。バディには信頼関係がありコメントを受け入れ合える関係の友達や，似たようなテーマで調べていてコメントができる友達などを選ぶとよい。できるだけ深いコメントができるペアにするのがポイントである。

　児童がよく見られるのは1人が限界だと考えるので2人組のバディがよい。話し合いを見て一度に3人にコメントをするのは覚えられないので困難であるし，毎回コメントする相手を変えても変容は見ることができない。自分のことを一番分かっているバディに長く見てもらうからこそのコメントがあり，深い学び合いになると考えられる。

❷バディに話し合いを見てもらう

　バディに見てもらいながら，話し合いを行う。その際に見てもらう方は特に何も気にする必要はない。一方で見ている方はメモを取りながら，話し合いを見て，後でしっかりと助言できるようにする。客観的な記録をもとにコメントをできるように準備させることが重要である。

❸コメントをもらい，振り返りをする

　この後バディからコメントをもらう。バディは相手に対して記録をもとに感じたこと，こうした方がいいところを相手に伝える。例えばなかなか相手の話を聞こうとしなかった相手には「自分の意見がしっかり言えていていいですね。でもしっかり相手の話を聞こう，途中で言い返しちゃう癖があるから」とコメントをし，相手のよいところを認めながら，改善点を伝えるようにする。話し合いは自己評価をするのが難しいので，同じバディにずっと見てもらうことで話し合いの向上につながると考えられる。

❹交代する

　バディを交代し，話し合いを見てもらい，コメントをもらう。一方がもう一方にアドバイスをするだけでは学び合いにならない。お互いコメントをし合うことで対等な関係になり，それぞれのよいところ，足りないところを知り，自分の成長につなげることができる。

（留意点）

❶似たようなコメントになる可能性がある

　同じバディからコメントをもらっているので，もらうアドバイスが似てきてしまう可能性がある。確かに同じバディからコメントをもらうことで，深いアドバイスができたり，変化に気付いて褒めたり，アドバイスしたりできるというメリットもあるが，コメントする人が同じなのでコメントが同じになってしまう恐れがある。そこで友達の変化に気付き，成長を褒めてあげようと指導することで，そのデメリットを薄めることができると考える。

❷喧嘩になってしまう可能性もある

　同じバディからコメントをもらうので，人間関係が濃くなり，喧嘩になってしまう場合もある。そうならないようによいことを褒めてからアドバイスすることを徹底していきたい。また互いにコメントをし合うという関係にすることで，未然に衝突を防ぐことができる。

（細川太輔）

⑨ **学級外からの評価による振り返り**

［目 的］

学級外からの評価を用いて振り返らせる。

［方 法］

　児童が書いた文章やスピーチなどを学級外の人に見てもらい，コメントをもらう。そのコメントをもらった経験を振り返る際の根拠にし，自分の行動に対する振り返りを前向きなものにする。

［手 順］

　学級外からのコメントを活用して振り返るには以下の3つの手順が考えられる。

❶文章やスピーチ，ポスターなどを発表する

　児童が書いた文章やスピーチ，ポスター，本の帯を発表する。ここでは完成品を学級外の人に見てもらうことを想定している。学級外とは，同じ学年の他学級，他学年，保護者，中学校や幼稚園，地域，社会，新聞投書，各種コンクールなどをイメージしている。

❷発表して評価をもらう

　全体で発表して全員から拍手をもらうなどの方法もあるが，できれば一人一人について評価があるようにしたい。具体的にはコメントシートを用意する，その場で，口頭でコメントをもらう，などの方法がある。新聞投書やコンクールでは，掲載された場合に名前がしっかり出るので，それが評価になる。

❸学級外の評価をもとに振り返りをする

　学級外の評価の最大の利点は児童たちの達成感が高まるということである。学級内だけでなく，他クラス，他学年，社会や地域というより広いところでよい評価をもらったということは児童たちにとってとてもうれしいこと

である。努力したことが報われたという気持ちになるはずである。それをもとに振り返りを行っていく。

　具体的には以下の2点について振り返る。1つ目はどのような点が評価されたかである。自分が考えている観点と外部の観点は異なることが多い。自分が気付いていないところが評価されたということは，自分が外部の人がどのような見方や考え方をしているのかを知らないということである。社会でどのようなことが評価されるのかを知るということは今後社会で働かなければならない児童にとって重要なことである。

　2つ目はどのようなプロセスで学習したのかである。どのようなプロセス，工夫をしたから評価されたのかを振り返る。例えば努力したからよい評価を得たという自己肯定感を振り返ったり，友達と協力した結果よくなった等，よい評価を得るに至ったプロセスについてしっかりと振り返ったりして明文化し，次につながるようにしておくことが重要である。

(留意点)

❶全員が評価されない場合もある

　外部からの評価は厳しいものも多く，全員がよい評価をもらえるわけではない。選ばれた児童のみうれしい思いをし，そうでない児童は悲しい思いをしてしまうことになる。教師はそのため外部からの評価は厳しいもので選ばれたことが素晴らしいことで，選ばれないのが普通で落ち込む必要はないことを児童にしっかりと伝え納得させることが重要である。友達ができたということは，自分も頑張ればチャンスがあるんだ，と友達の成功を機に自分も頑張ろうという気持ちに児童をさせていきたい。

❷よい評価をもらうことが目的になってしまう

　よい評価をもらうことが目的になってしまう児童もいる。大切なことは言語活動の中でしっかりと考えたかどうかである。結果だけではなく途中の思考を教師がしっかりと認め，評価していくことが重要である。

（細川太輔）

2 年間を通した振り返り指導のアイデア

「振り返り」という行為・学習活動は，国語科に限らず，多くの場面で行われる。一日の中では，帰りの会で日直が，一日を振り返って頑張ったことやよかったことをスピーチすることがある。1時間の授業の中では，45分のうちの終わりの5分で，授業のことを振り返ってカードに記入する場面が設定される。また，運動会や音楽会等の学校行事が終わった後に振り返り作文を書かせたり，学期末に学習と生活について振り返って文章を書かせたりなど，学校生活全般において，「振り返り」という行為・学習活動は実に多く行われている。

それぞれの「振り返り」は，それぞれの学習や活動について振り返っているため，相互に関連はないように思われる。国語科で「ごんぎつね」の学習について文章の読み方を振り返る「振り返り」と，運動会が終わった後に「ソーラン節に対する取り組み」に対して振り返る「振り返り」は，振り返る対象が異なるため，児童も関連させて振り返ることはまずあり得ない。

しかし，教師サイドから見ると，一人の児童が行う「振り返り」は，その子の成長を見取るために，関連させて見る必要がある。例えば，教科というつながりで関連させる。国語科で，「書くこと」の領域において，「始め・中・終わり」の文章構成の意義について振り返って，その有効性を述べた「振り返り」と，「読むこと」の領域で説明的文章を読んだ際に，「始め・中・終わり」の文章構成を見出して，その構成を取っていることがこの文章の読みやすさにつながっているという「振り返り」。この2つの振り返りは，単に別物として扱うのではなく，領域をまたいで文章構成の意義について，「思考力・判断力・表現力等」の観点で評価することができる。

今後，国語科においても，学習評価が【知識・技能】【思考・判断・表現】【主体的に学習に取り組む態度】の3観点になるということを見通して，「振り返り」も，児童の成長を見取るための一つの資料として生かしていくために，「振り返り」の質の伸長についての実践を紹介したい。

① 成長を実感できる振り返り

45分の授業の40分が経過しようというとき，
「今日の話し合いはここまでにして，振り返りを書こう」
と，児童たちに投げかけている先生はいないだろうか。この発言の問題点は
２つ。①児童たちの意図とは関係なく，話し合いを終わらせている点。②
「振り返りを書こう」と，目的も方法も明確にせず投げかけてしまっている
点。①については，決められた授業時間の中だから仕方がないと思われる先
生もいらっしゃると思うが，それでも「もう時間なんだけど……どうす
る？」と，せめて，教師側から強制的に話し合いを終わらせるのでなく，児
童たちの声として「次の国語で話し合いの続きをする！」と言わせたい。

今回は，②について考えたい。まずは，「ノートに振り返りを書こう」や
「振り返りカード（プリント）に振り返りを書こう」と，何に書くかという
ことを指示する必要がある。また，「話し合いの様子について振り返りを書
こう」と，何について振り返るかも明確にしたい。「次の時間の話し合いに
向けて，今日の話し合いのことを振り返って書こう」と，目的も示したい。

しかし，まだ不十分である。今日の学習で何が分かって，まだ分かってい
ないことは何か。今日できたことは何で，次の時間に頑張りたいことは何か。
などと，より明確に振り返りの視点を示すことで，児童たちも記入しやすく，
記述内容を見取る教師側も，次時のその子への助言を考えたり，単元の評価
をしたりするときに，「振り返り」を活用しやすくなる。

本実践（p.32参照）では，Ａ学級とＢ学級の２クラスで，同じ指導計画で
授業を行った。ただし，「振り返り」については，Ａ学級では視点を示して
書かせるようにし，Ｂ学級では特に視点を設けず，いわゆる「学習感想」と
して書かせるようにした。その２クラスで，第７時に単元全体の振り返りを
させた際に，「毎回振り返りをすることで，自分の学習にどのような効果が
あったと思いますか」と共通の項目で書かせると，Ａ学級では以下のような
記述が見られた。

単元名：分かりやすい要約文を書こう

学習材：アップとルーズで伝える（光村図書4年下）

指導計画：全7時間

	○主な学習内容
第1時	○全文を通読し，考えたいことや学びたいことを書く。 ○学習計画を立てる。 ○本時の学習の振り返りをする。
第2時	○本文全体の段落構成図を考える。 ○本時の学習の振り返りをする。
第3時	○第1段落から第3段落を読む。 ○「始め」の部分の要約を考える。 ○本時の学習の振り返りをする。
第4時	○第6段落から第8段落を読む。 ○「終わり」の部分の要約を考える。 ○本時の学習の振り返りをする。
第5時	○「始め」と「終わり」の要約をつなげてみて，自分の要約を振り返る。 ○「始め」と「終わり」のつながりを意識しながら，「中」の要約を考える。（※第4段落，第5段落を読む） ○本時の学習の振り返りをする。
第6時	○「始め」「中」「終わり」それぞれの要約文をつなげて，本文全体の要約文を書き上げる。 ○本時の学習の振り返りをする。
第7時	○「要約するときに大切なこと」について話し合う。 ○単元全体の振り返りをする。

> A学級：毎時3つの視点について振り返りを書かせる。①今日の学習で分かったこと，②今日の学習で工夫したこと，③これから，もっと知りたいこと
> B学級：特に視点は設けず，学習感想を書かせる。

《A の振り返り》

・その日の授業で，自分が分かったことが分かり，工夫したことを見れば，その日の工夫したことを生かして，次の学習に生かすことができ，次は何を知りたいか気にして学習を進めることができた。

・自分がふり返りしやすくなった。

・分かったこと，工夫したことを使って，前よりよりよい要約文が書けた。

・自分の弱点・できたところが分かったので，次の学習でスラスラ書けた。

・次の課題ややることがはっきりしているので，学習にとても役立った。自分のできたことをふり返ることによって，次もその工夫を使える。

　視点が明確であるがゆえに，学習記録として児童たちが振り返りを活用し，次の時間の学習がスムーズに進んでいくという，児童たちの自己学習力の育成にも生きる振り返りであったということが言える。

　一方，視点を特に示していなかったのにもかかわらず，B学級では次のような記述も見られた。

《B の振り返り》

・ぼくは，次回何をするかなどを頭に入れて勉強ができた。なぜなら，感想のところに，毎回，次回のことを書いて考えられたから。

・毎回ふり返りに，前にやったときの文のコツを書くことで，次の時間がだいぶ楽になった。

・自分の反省点を次にいかせられたので，もっといい文になった。

・自分のだめだったこと，よかったことが分かって，次に生かせる。

・自分がどのように成長したかが分かる。

　このように，自分で「次回何をするか」「今日見つけた文のコツ」「今日の反省点」「今日だめだったこと」「今日よかったこと」「成長したなと感じたこと」といった視点を設定して振り返りを書いていたことが分かった。しかしこのクラスのD児は「初めのときは迷っていた」と書くなど，振り返りと

して何を書こうか，自由に書くことを許されていたために迷い，「振り返り」という学習活動に対して前向きになれず，苦手意識をもった児童もいた。

　「振り返り」という行為・学習活動は，児童自身が自分の行為・学習を振り返って，自分のために生かしていくことを目的とすべきである。よって，単に「振り返りを書こう」と児童たちに投げてしまうのではなく，最終的には教師の見取りのためかもしれないが，少なくとも単元進行時は，児童の学びをエスコートし，充実させるために，視点を示して振り返る必要性を感じた。

2　学習用語の習得・活用を意識した振り返り

　国語科においても，学習をまとめたり意味付けたりするための「学習用語」が存在する。「書くこと」における「始め・中・終わり」という文章構成を表す学習用語や，「読むこと」の文学的文章の読みに関する「登場人物」「場面」「情景描写」などの用語である。

　算数科の「垂直」「直角」などの学習用語や，理科の「蒸発」「直列つなぎ」「並列つなぎ」などの用語は，その用語を使って考えたり説明したりする必要があるため，学習用語の習得そのものが学習の目的となることがある。

　しかし，国語科では，学習用語の習得そのものを目的とした授業は少なく，そのため，学習用語として意識されることも他教科に比べて少ない。例えば，「ごんぎつね」という文学作品において，「ごん」「兵十」という作品に出てくる人物を「登場人物」と括ることで，「登場人物の気持ちの変化を捉えよう」と学習問題を設定することができたり，「アップとルーズで伝える」という説明文を読むときに，「始め」「中」「終わり」という文章の内容のまとまりを表す用語を知っていて読むと，内容がすっきり頭の中に入ってきたりという，学習効果が期待できる。

　ただし，「文章のこの部分を『始め』と言います」「文章のクライマックスを『山場』と言うので覚えておこう」とするのは，国語科の学びにおいて，

学習用語の適切な運用の仕方ではない。

　Ｅという文学作品を読む学習において，「場面」ごとに文章がまとめて書かれていて，その場面ごとに学習することで，登場人物の変化が捉えやすいということが分かった児童が，次のＦという作品を読むときに，自分から「登場人物」や「場面」を意識して読もうとする，そういう学習者を育てるために学習用語があり，学習者の自己学習力を育成するために学習用語を活用する，そのような効果をねらった「振り返り」の実践を以下で紹介する。

単元名：登場人物の行動や気持ちを想像しながら読もう
学習材：ごんぎつね（教育出版４年下）
指導計画：全15時間

	○主な学習内容
第１時	○全文を通読し，感想を伝え合う。 ○学習計画を立てる。
第２時	○１場面を読んで，「ごんってどんなきつね？」「兵十ってどんな人？」についてまとめよう。
第３時	○２場面を読んで，「ごんってどんなきつね？」「兵十ってどんな人？」についてまとめよう。
第４時	○３場面を読んで，「ごんってどんなきつね？」「兵十ってどんな人？」についてまとめよう。
第５時	○４場面を読んで，「ごんってどんなきつね？」「兵十ってどんな人？」についてまとめよう。
第６時	○５場面を読んで，「ごんは，兵十のことをどう思っているのだろうか？」について考える。
第７時	○６場面を読んで，「兵十は，ごんのことをどう思っているのだろうか？」について考える。
第８時	○<u>本文の読みの学習を振り返ろう。</u> ○もっと学習したい（やってみたい）ことを出し合おう。

第9時〜第12時	○発展学習を進めよう。
	A学級：①続きの話を書く　②登場人物になりきって劇をする
	B学級：①続きの話を書く　②登場人物になりきって劇をする
	C学級：①続きの話を書く　②作品紹介パンフレットを作る
第13時 第14時	○発展学習発表会を開こう。
	A＆B学級：①冊子にまとめて　②劇の鑑賞会
	C学級：①②冊子にまとめて
第15時	○学習全体を振り返ろう。

下線を施した第8時の振り返りについて，実際の記述内容を見ていきたい。

〈A学級〉

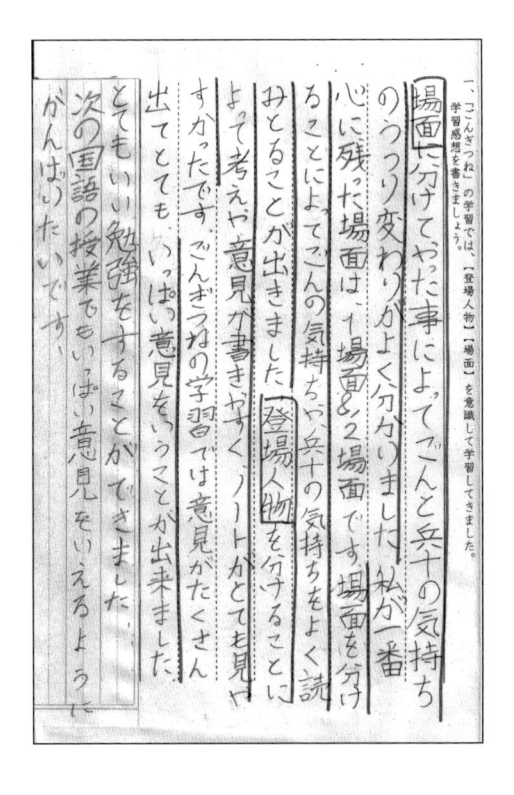

児童たちには，「『ごんぎつね』の学習では，【登場人物】【場面】を意識して学習してきました。学習感想を書きましょう」という問いかけをして，振り返りを記述させた。学習用語は後付けになったが，ここに挙げた２名以外にも，人物に注目して学習したことによって読みやすさを感じていたり，場面ごとに読むことで全体で読むよりも深く読めたりすることを実感できたという振り返りが見られた。

　学習用語を振り返りの中で取り入れることによって，学習したことを知識として習得して，次の学習に活用されることが期待できる。覚えることが本意ではないが，学習用語を身に付けておくことで，学習が豊かになり，A学級の子の振り返りにあるように，「これから，授業で読まない物語も，場面と登場人物を考えると，『だれがだれのことをどう思っているか』などもわかり楽しいと思うので，この方法を続けたいです」と，学習に対する主体性も育成可能であるということを付け加えたい。

　「振り返り」が形骸化しているという懸念がある。「授業展開の中で位置付いているものだから振り返らせる」「書かせっぱなしで，次に生きる振り返りになっていない」という心配に対して，「振り返り」を通して自己学習力を育成することを目指して２つの実践を紹介した。

　つまり，年間を通して振り返りを行う意義は，児童の自己学習力の育成と結論付けたい。それは，国語科に限らず，他教科の学び，そして行事などの振り返りと，学校教育全般を通して育成されるものである。

　その中で国語科としては，「言葉の見方・考え方」を育成する教科として，視点を明確にしたり，学習用語を適切に扱ったりすることを通して寄与することを期待する。思考を言葉にすることは難しいが，時間をかけ，そして児童の表れに向き合って，充実した「振り返り」，学びの充実を目指したい。

（土屋晴裕）

1 話すこと・聞くことの授業プラン

1 2年「すきなことをつたえよう」(教育出版2年上)

単元名:ぼく,わたしのすきなこと,教えます!
—振り返りの観点の獲得を図る相互評価による振り返り—

【時間数:全8時間】

1 この授業の振り返りのポイント

- 児童たちの相互評価によって,「できた」や「ここを頑張ればいいんだ」と思いを引き出し,振り返るときの観点を認識するよう促す。
- 教師が児童の計画表に記述したり,インタビューをしたりすることによって,振り返りの内容や書き方について習得できるようにする。
- 発表会のスピーチ後に,スピーチのよさを伝える時間を設け,単元全体の振り返りを行う。

2年生は,自分が体験したことや自分が好きなことを他の人に伝えたいという思いをもっている。しかし,記録に残りにくい音声言語に関しては,「何ができるようになったのか」「何に気を付ければいいのか」が漠然としてしまい,楽しさを感じないで終わってしまうことがある。そこで本単元では,振り返りによってこれらのことを自覚し,「話してよかった」といった話すことへの楽しさとともに,「ここを頑張ればいいんだ」という自己評価の観点を認知することを促す。そうすることで,次の話すこと・聞くことの学習へつながる振り返る力を育むことができる。

2 単元のねらいと概要

本教材「すきなことをつたえよう」は,自分の好きなことや得意なことに焦点を当てて,身の回りのことを説明する学習である。具体的な学習過程として「話すまでのじゅんび」「なつかわさんのスピーチ例とメモ」「発表練習の話す・聞くことのポイント」「感想の伝え合い」が設定されている。

「話すまでのじゅんび」では,児童がスピーチ発表会に向けてどのようなことをすればよいのか,見通しをもつことができるようになっている。また,

「なつかわさんのスピーチ例とメモ」では，「すきなわけ」「理由や順序を表す言葉」が添えられている。それらが，スピーチ例と照応して示されており，実際のスピーチで大切にすべき点が分かりやすくまとめられている。またスピーチ例には，「すきなわけは３つあります」と最初にわけの数を知らせる，「みなさんも一輪車にのってみませんか」と聞き手に呼びかけるなどの工夫も挙げられている。話すときは，わけを表す言葉を使う，声の大きさ・速さに気を付ける，聞き手を見て話す，など，話す内容・話す技能・話す態度についてまとめられている。聞くときは，話し手の大事な部分を落とさないように聞く，話し手を見てうなずきながら聞く，などが挙げられている。

　本教材を通して児童は，目的・相手を踏まえながら，相手に伝わりやすい話し方，また，共感的な聞き方は何かを学ぶが，自分の考えや思いを表現する楽しさも感じてもらいたい。

3　主な評価規準

○好きなこととわけの関係について理解している。

【知識及び技能（2）ア】

○好きなこととそのわけを順序立てて話している。

【A話すこと・聞くこと（1）イ】

○声の大きさ，速さなどに注意して，はっきりとした発音で話している。

【A話すこと・聞くこと（1）ウ】

○大事なことを落とさないようにしながら聞いている。

【A話すこと・聞くこと（1）エ】

○楽しく話したり，聞いたりしたことを振り返りに書いている。

【主体的に学習に取り組む態度】

4 単元計画（全8時間）

次	学習過程	学習の流れ
第一次	学習課題の設定	第1時　学習のゴールを知り，見通しをもつ。 ○グループで大好きなことを発表する。 ○どんなスピーチがいいか，考える。 ぼく，わたしのすきなこと，教えます！ ○学習計画を立てる。　　　　　　　　　ポイント①
第二次	スピーチ内容の構成・推敲	第2〜4時　自分の好きなこととそのわけを考える。 ○自分の生活を振り返り，好きなことを考えて，ワークシートに書き出し，1つ決める。 ○好きなわけを「わけカード」に書いて，ワークシートに貼る。 ○グループで見せ合い，話し合って，具体的なわけを書き足す。
第二次	スピーチ練習	第5時　話す順序を考えて，発表メモを作る。 ○「わけカード」を気持ちの強い順や分かりやすい順に並べ，発表メモを作る。 ○話す内容について，隣同士のペアで話し合い，推敲する。 第6時 ○「話し方」・「聞き方」を確認する。 ○2人1組になって，お互いに話す練習をする。
第三次	発表会	第7・8時 ○前時の練習でできたこと，頑張りたいことを意識しながら発表し，感想を伝え合う。　　　　　ポイント② ○話し手・聞き手として振り返る。

5 単元全体の振り返りのポイント

❶めあてに即した振り返りを可能にする計画表

　本単元では，本時のめあてに応じた振り返りができるように計画表を用意した。計画表の各時のめあては導入時に児童たちと一緒に考えながら作成した。めあてをどれくらい達成できたかを「◎○△」で表し，友達に言われてうれしかったことや頑張ったこと，考えたことなどを記述するようにした。これにより，単元全体の見通しを立てながら，そこにつながるめあてに即した振り返りを書くことができる。

8 /	7 /	6 /	5 /	4 /	3 /	2 /	1 /	日にち /
話し方・聞き方にちゅういしてはっぴょう会をする。	はっぴょうのれんしゅうをする。	あい手につたわるようにくふうして話す。	はっぴょうメモをつくる。	わけのじゅんばんをきめる。	わけを書く。	すきなことをえらぶ。	けい画をたてる。	
△○◎	△○◎	△○◎	△○◎	△○◎	△○◎	△○◎	△○◎	ふりかえり
とくに○○さんがメモを見ないで前を見ていてすばらしかったです。	みんなのはっぴょうがくわしくじょうずにはっぴょうしていてすごくいいはっぴょうでした。	○○さんにうれしいことを言ってもらって、うれしくて、これからもがんばろうと思いました。	はっぴょうの紙にじょうずに書けてよかったです。	わけのじゅんばんがすごくなやんだけど、きめれてよかったです。	○○さんがわたしのそろばんのことをすごくがんばって考えてくれてとてもうれしかったです。	○○さんのすきなことを書いて、下にその絵をかいているのが分かりやすかったです。	けい画をじょうずに立てられてよかったです。	

　しかし，話したり聞いたりすることは記録に残らないため，中にはなかなか振り返りを書けない児童がいる。そこで，以下のような手立てを通して，児童が振り返りの仕方や書き方に慣れるよう促す。

○教師が記述欄に児童のよかったところを記述する

　例えば，「相手の目を見て話せていました」や「相手の友達の話をうなずいて聞いていました」などを書く。このように児童の実際の言動からモデルを示すことによって，児童は振り返りの仕方や書き方を自身の経験をもとに理解することができると考える。

○児童にインタビューをする

　児童－教師の対話形式でのインタビューを行う。例えば，「どんなことを

頑張ったの？」や「友達からどんなことを言われて，どう思った？」という質問を投げかけ，自分なりの言葉で表現するよう促す。このように一度言語化し，その内容が教師に振り返りとして認められることで，自信をもって振り返りを行うことができる。

❷お互いのよさを伝え合う発表会

　発表者のスピーチ後にスピーチのよさを伝える時間を設け，単元全体の振り返りを行った。すると，「○○さんに大きな声だねって言ってもらってうれしかったです」や「気を付けて相手の目を見て発表することができました」など，児童が達成感や楽しさを感じることができた。このように，自分のスピーチのよさを友達から言われることは大きな達成感と話すことの意欲につながる。

6　本時の流れ（第6時／全8時間）

時	学習活動	指導上の留意点
2分	○本時のめあてを確認する。 すきなことについて2人組ではっぴょうれんしゅうをしよう。 ○「話し方」「聞き方」を確認する。	・学習計画を掲示しておき，学習の見通しがもてるようにする。 ・「話し方」や「聞き方」の項目を児童と一緒に考え，なぜ必要かを確認することで，必要感をもてるようにする。
8分	「話し方」 ・声の大きさ ・話すはやさ ・あい手を見る。 「聞き方」 ・大じなことを聞く。 ・あい手を見る。 ・うなずく。 ○ペアを変えながら，練習をする。 ・スピーチをして，いいところとアドバイスを伝え合う。 ・最後は最初のペアに戻り，よくなったところを	ポイント① ・上手にやりとりができているペアを紹介し，よい話し方・聞き方を

30分	伝え合う。	具体的に共有する。
		ポイント②③
5分	◎今日の学習を振り返る。 ・振り返りカードに学習感想を書く。	・うれしかったことや頑張りたいことを共有する。

7 本時の振り返りのポイント〜相互評価による振り返り〜

　本単元では，今後の話すこと・聞くことの活動に意欲的になるよう，自分のいいところやよくなったところを認識させたい。しかし，児童一人一人にそのような振り返りを書くよう伝えると，なかなか書くことができない。その原因は2つあると考える。1つ目は，児童が自分の話す姿や聞く姿を視覚的に捉えることができないこと，2つ目は自分のいいところを自分自身で表現することに抵抗を感じることである。

　そこでスピーチ練習をする本単元では，2人1組で相互評価をする時間を設ける。

❶手順・方法を明確に示す

　まず，座席の隣同士が向かい合う。お互いにスピーチをし，聞き手は話し手に対し，①よかったところ，②アドバイスを伝える。この伝え合いを縦の列でペアを変えて数回繰り返す。そして最後の2つは，最初のペアでもう一度スピーチし合う。このとき聞き手が伝えるのは，アドバイスではなく，「1回目よりもよくなったところ」である。

❷「楽しい」「頑張ってよかった」と話すことに達成感を得る

　児童は「自分のスピーチはどんなところがいいのか」を友達の意見を通して認識することができる。また，「自分が何を頑張ればもっといいスピーチになるのか」も分かり，次のペアでその課題をすぐに実践することができる。また，最後に一番はじめに組んだ相手に「よくなったところ」を言ってもらうことで，数回練習した自分の頑張りやその成果をその場で認識することが

できる。児童は、「ここを頑張ったらスピーチが上手になった」「頑張ってよかった」と達成感や満足感を感じることができる。

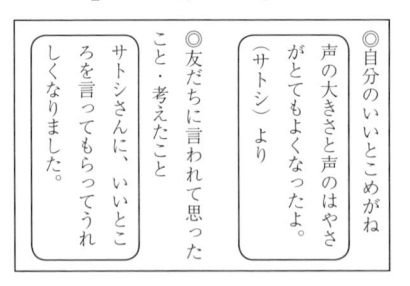

> サトシさんにいいこと言われてうれしかったよ。声が大きくなったんだなって思った。

枠内（縦書き右側）:
◎自分のいいとこめがね
声の大きさと声のはやさがとてもよくなったよ。
（サトシ）より

◎友だちに言われて思ったこと・考えたこと
サトシさんに、いいところを言ってもらってうれしくなりました。

❸振り返りの観点を得る

　ペアの相互評価を通して、いいところ・もっとよくなるところ・よくなったところを相手から言ってもらうことで、自分のスピーチで大事な点が分かるようになる。それは、これからの自己評価の観点の一つになると考える。「ここを頑張れば自分のスピーチはよくなるんだ」「これからもここを気を付ければいいんだ」など、振り返りの観点が自分の中にできるようになる。本単元にとどまらず、今後の話すこと・聞くことの振り返りで必要な観点を友達との関わりから獲得することができる。

　低学年の話すこと・聞くこと領域における振り返りは、自分自身で行うには困難なときがある。ペアによる相互評価は、児童が気付かなかった振り返

> サトシさんに、さいしょに声を大きくしたらいいって言われたから、みんなに教えるときはそうしたい。まだまだ大きい声が出ると思う。

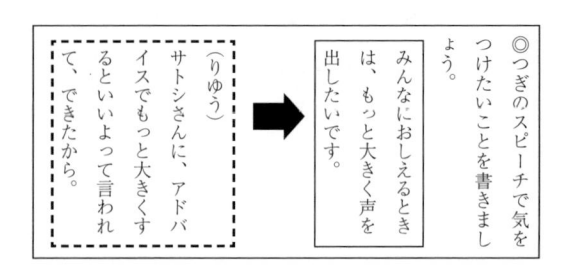

枠内（縦書き右側）:
◎つぎのスピーチで気をつけたいことを書きましょう。
みんなにおしえるときは、もっと大きく声を出したいです。

→

（りゆう）
サトシさんに、アドバイスでもっと大きくするといいよって言われて、できたから。

44

りの観点，気付かなかった自分の姿を気付かせることに有効である。特に児童の「楽しい」「伝わってよかった」「聞いていておもしろかった」という情緒面を意識させる，有効な振り返りの手段になる。

8 評価の工夫

❶振り返りの観点の形成過程として振り返りを評価する

本単元の評価は，技能としての話すことを対象としているだけでなく，個人で形成された振り返りの観点も対象としている。つまり，どの点に気を付けて話せば自分のスピーチがよいものになるのかを認識しているかも重要な評価対象となるということである。このような工夫をすることで，児童たちが話すことに対する意欲や技能向上に向かう思考や判断を評価することができる。特に児童は相手や場に応じた大きさの声で話せばよいのに，大きな声であればあるほどよいと考えているなど間違った観点をもっている場合もあるので，児童が予めもっていた評価規準をていねいに教師が観察し，修正していく必要がある。

❷話す・聞く態度として振り返りを評価する

児童の毎時間の振り返りを児童の学びに向かう力として評価した。児童はペアでの相互評価で自分のスピーチのよい点や改善点を教えてもらった。また，児童は他の児童のスピーチも聞いてきている。その結果「こうすればいいんだ」「次はこうしたい」「〇〇さんのようになりたい」のように友達のいいところを見つけて自分の観点にし，児童の話すことへの意欲や態度につなげられると考える。

また，この振り返りを次時の導入で全体に共有させる。このように，一人一人が得る気付きや達成感，称賛の共有が，個人としてだけでなく，集団としての学びに向かう力につながっていく。

（栗栖衣里奈）

2 3年「たからものをしょうかいしよう」（教育出版3年上）

単元名：もっと自分のことが伝わるスピーチをしよう
—スピーチ完成を目指す振り返りと学習の振り返り—

【時間数：全7時間】

1 この授業の振り返りのポイント

• スピーチ完成を目指すための振り返りと，学習を通してどのような力が身に付いたか考える振り返りと，2種類の振り返りを行う。

　本単元では2種類の振り返りを行い，児童の主体的・対話的な学習を成立させ，深い学びを目指した。一つが，モデルとなるスピーチを見たり，友達と発表し合ったり，質問をもらったりすることで，自分のスピーチをよりよくするための振り返り。もう一つが，単元の終わりに「学習を通して，できるようになったこと」を考え，自分たちがどのような力を身に付けたかを認識するための振り返りである。前者の振り返りを通して主体的・対話的な学習を目指し，後者の振り返りを通して深い学びを目指した。後者の振り返りによって自分たちの成長を自覚させ，次単元へとつなげていく。

2 単元のねらいと概要

　本単元は「たからものをしょうかいしよう」（教育出版3年上）から単元を設定した。実践を行った学級では4月に「聞き取りクイズをしよう」という教材で自己紹介クイズを行った。好きな遊びや好きな食べ物などを話す，自己紹介のスピーチを行い，最後にスピーチの内容についてクイズを出題した。クラス替えを行ったばかりのクラスだったため，お互いのことを理解し合うきっかけとなった。

　本単元ではそれを発展させ「自分の宝物を詳しく紹介することで，もっと自分のことを知ってもらう」ことをねらいとした。自分の宝物について，宝物である理由や宝物となったきっかけ，その宝物への思いなど，宝物について詳しく話すことを児童に示した。単元の終わりにはクラス全員の前でスピーチを行い，お互いのことをより詳しく知ることで，クラスの仲をさらに深

めることを目指した。

　単元の流れは「単元の目標を知り，宝物を決める」「スピーチメモを作る」「質問について学ぶ」「グループで互いに発表し合い，質問をしたり感想を述べたりする」「自分の発表を振り返り練習する」「スピーチ大会をする」「学習を振り返る」とした。本単元では児童同士の交流を通してスピーチをよりよくすることを目指したため，交流の質を高めるために，「質問する」ことにも重点を置いた。そのため，質問について学ぶ時間を設定し，どのような質問をすればいいのか考えられるようにした。

3　主な評価規準

○接続する語句の役割や段落の役割について理解し，スピーチをしている。

【知識及び技能（1）カ】

○目的を意識して，紹介する宝物を決め，スピーチで話す内容を想起したことの中から選んでいる。

【A 話すこと・聞くこと（1）ア】

○相手に伝わるように，理由や事例などを挙げながら，話の中心が明確になるよう話の構成を考えている。

【A 話すこと・聞くこと（1）イ】

○話の中心や話す場面を意識して，言葉の抑揚や強弱，間の取り方などを工夫している。

【A 話すこと・聞くこと（1）ウ】

○話の構成や内容への関心を深め，工夫しながら話したり聞いたりしようとしている。

【主体的に学習に取り組む態度】

4 単元計画（全7時間）

次	学習過程	学習の流れ
第一次	単元の目標理解と課題設定，スピーチの題材選択	第1時　単元の目標をつかみ，学習の見通しをもつ。 ○4月の自己紹介クイズを振り返る。 ○教師によるモデルスピーチを聞く。　**ポイント①** ○動画によるモデルスピーチを見る。 もっと自分のことが伝わるスピーチをしよう。 ○紹介する宝物を選ぶ。
第二次	スピーチメモの作成	第2時　選んだ宝物を紹介するスピーチメモを作る。 ○宝物について話す内容を想起し，付箋に書く。　**ポイント②** ○付箋を構成表に貼り，始め・中・終わりの内容を決める。
	質問について学ぶ	第3時　モデルスピーチについて質問を考える。 ○動画のモデルスピーチを見て，質問を考える。 ○考えた質問を共有する。 ○質問をするためのポイントを考える。　**ポイント③**
	班単位での交流	第4時　グループで発表を行い，質問をしたりスピーチカードを書いたりする。 ○グループ発表を行い，友達の発表に質問をする。 ○発表する班と，発表を評価する班の2つに分かれ，観点に沿って発表を評価する。　**ポイント④**
	スピーチの再考と練習	第5時　本番に向けてスピーチを再考し，練習する。 ○質問内容からスピーチを再考する。 ○スピーチカードをもとに，本番に向けて練習をする。
第三次	発表と単元の振り返り	第6・7時　スピーチ大会を行い，学習したことを振り返る。 ○全員の前でスピーチを行う。 ○学習を通してできたことを振り返る。　**ポイント⑤**

❶言語活動のモデルを提示

　本単元では，単元の導入で教師によるスピーチを行い，動画でも言語活動のモデル（単元の最終的なゴールとなるスピーチ）を見せ，学習の見通しをもたせた。この見通しが自分のスピーチを振り返るための比較の材料になる。本単元では宝物の種類によってスピーチの内容が変わることも考え，他の教師にも協力してもらい，複数のモデルを提示することを計画した。複数のモデルがあることで振り返りの材料が増え，よりよいスピーチにつながっていく。

　また，モデルとなるスピーチは撮影し，繰り返し見られるようにした。単元を進める中で，モデルの動画を，振り返りの場面や質問を考える場面で活用した。

❷振り返りを具体化するための付箋を活用した構成表

　スピーチメモとなる構成表は付箋を活用し，作成した。付箋は，はがして違う場所に貼り換えたり，新しい付箋を貼ってスピーチ内容を増やしたりすることができる。モデルと比較したり，友達に発表したり，アドバイスをもらったりして，自分のスピーチを振り返る。そのとき考えたことをもとに，話す順番を変えたり，話す内容を増やしたりする。そうしたときに付箋を用いることは有効である。

スピーチメモ	はじめ	中	おわり
しょうかいするたからもの　ギター	❶理由 みんなと歌える ❷理由 音楽を楽しむ	十五年前 ギターがひける ようになりたい 友だちとえんそう	音楽は好きですか ひびかい これからも がんばりたい

・教師によるモデルのスピーチの構成表も提示し，学習の見通しをもたせた。付箋は言葉を短くメモすることにも使えるため，様々な場面で活用できる。

❸活動を振り返り，学びを可視化

　モデルのスピーチの動画を見て，内容について質問を考える活動を行い，活動を振り返って，「質問上手のコツ」を考えた。質問をすることを通して，質問のポイントを考える。質問のポイントを全体で話し合うことで，学びを可視化し，共有することができる。そうして得た学びは次の時間のグループ発表の中で活用される。

　活動を振り返って確認した知識を活用し，次の活動につなげる。次の活動でも同様の流れで学習を進めることで，児童は学習の学びをより明確に意識できる。

❹質問とスピーチカード（評価カード）

　グループ内での発表の際は発表する班と評価する班の２つに分かれ，スピーチの練習を行った。質問を受けることで，児童は自分のスピーチの内容を振り返り，紹介が不十分であったところを修正することができた。また，スピーチカードで評価を受けたり助言を受けたりすることで，スピーチの技能を振り返り，本番に向けての練習に生かすことができた。質問やスピーチカードで，内容と技能の２つの面から振り返りを行うことができると考えた。

また，評価の観点をスピーチの前に示すことで，観点を意識したスピーチを行うことをねらいとした。

❺単元を通しての振り返り

　単元の終わりには学習を通してできるようになったことを振り返り，単元全体

スピーチカード		
名前（　　　　　）		
◎ポイント		
・声の大きさ	◎　　○	△
・しせい	◎　　○	△
・目線	◎　　○	△
アドバイス		

の学びを可視化した。ここでの振り返りは，できるようになったことから，「なぜそれができるようになったか」をさらに考えさせ，活動内容ではなく，身に付けた技能も意識できるようにした。また，こうした板書は撮影し，教室に掲示したり，「話すこと・聞くこと」の学習の導入で提示したりすることで，次の学習につなげていくことができる。

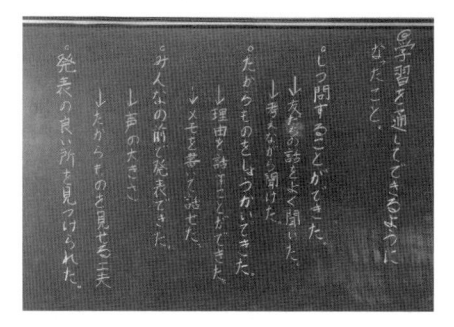

・「宝物を紹介できた」という活動内容から，「理由を話すことができた」「メモを書いて話せた」のように身に付けた技能を意識できるよう振り返りを行った。

6　本時の流れ（第3時／全7時間）

時	学習活動	指導上の留意点
5分	○前時の学習を振り返る。 ○本時のめあてを確認する。 どのように質問をするか考えよう。	・前時の振り返りをもとに，本時の課題設定へつなげる。 **ポイント①**
5分	○スピーチの動画を見て，どのような質問を考えたか，班で話し合う。	・質問があまり出ない場合はもう一度動画を流し，スピーチの内容を確認させる。
7分	○話し合った内容を発表する。	・考えた質問を画用紙に記入し，掲示できるようにする。
5分	○2つ目の動画を見て，どのような質問を考えたか，班で話し合う。	・質問があまり話し合えない場合はもう一度動画を流し，スピーチの内容を確認させる。
7分	○話し合った内容を発表する。	・考えた質問を画用紙に記入し，掲示できるようにする。

6分	○質問をするときに，どのようなことに気を付けるとよいか，「質問上手のコツ」を話し合う。	・掲示した質問を見て，コツを考えやすくする。 ・質問するときに気を付けることだけでなく，聞くときに気を付けることも考えさせる。　ポイント②
5分 5分	○話し合いの内容から，質問するときのポイントを整理する。 ○めあてに対する振り返りを書く。	・本時で学んだことや次の学習への思いや願いを自分なりの言葉で表現できるようにする。　ポイント③

7　本時の振り返りのポイント

❶導入時の振り返りで本時の課題の必然性をもたせる

　前時までの学習で「スピーチのどの段階まで完成しているか」を振り返り，学習計画を確認することで，本時の課題の必然性をもたせる。次回の学習でグループ交流を行うが，まだ自分たちは「質問」について学んでいない。メモは完成していても，どのように聞くかが分からないとよい質問や助言はできない。そういった本時の学習への必要感を児童にもたせることで，より主体的に学習に取り組めるようになる。

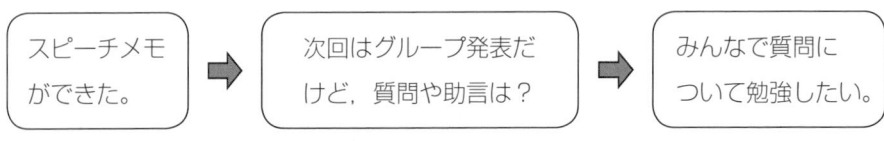

スピーチメモができた。　➡　次回はグループ発表だけど，質問や助言は？　➡　みんなで質問について勉強したい。

❷活動内容を振り返り，学びを可視化する

　学習を活動で終わるのではなく，活動したことを振り返り，どのようなことが学べたかを考える。考えたことをノートに書いたり，話し合ったりすることでより明確に学びを意識できるようになる。また，可視化したものを全体で共有することで，個々の学びがさらに深まっていく。

 ①内容に合った質問 ➕ ②興味のあることを質問 ➡ 話し手が伝えたいことの中心を捉えて聞く

〈可視化された学習プロセス〉

❸めあてに対する振り返りをする

　毎時間の終わりに，めあてに対する振り返りを学習計画表に書きためていく。学習のめあてに対して振り返ることで，「どのようなことができたか？」を考えることができる。できるようになったこと・身に付いたことが毎時間の中で意識され，単元全体を振り返ったときに，身に付いた力が具体的に考えられるようになる。

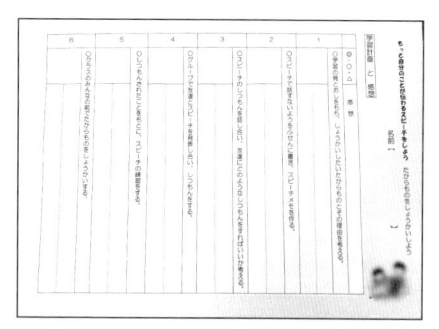

8　評価の工夫

❶毎時間の振り返りから学びの過程を評価する

　毎時間のめあてに対する振り返りを見取り，個々の児童がどのような学びを積み重ね，どのような思いで学びに取り組んでいたかを評価する。頑張りへの称賛や，気付きに対する評価，次時への励ましの言葉などコメントすることで，児童の学習への意欲を高めていく。

❷完成したスピーチを撮影し，活用する

　単元の終わりの発表会は撮影しておく。そうすることで，聞く姿の評価に集中し，スピーチの評価を別の時間に行うこともできる。撮影したものを授業の振り返りに活用し，次の学習につなげる等，様々な活用方法がある。

（伊藤浩平）

6年「未来がよりよくあるために」（光村図書６年）

単元名：よりよい公園づくりについて考えよう

―話し合い方の課題に向き合い，気付いたことを生かす―

【時間数：全5時間】

1　この授業の振り返りのポイント

- 自分たちの話し合い方に対して課題をもち，考えをまとめたり深めたりするためにどのように話し合ったか振り返り，その気付きを生かして学習を進める。

　高学年児童は，低・中学年で積み重ねてきた話すこと・聞くことの力を生かして，さらによりよい話し合いを目指していく。しかし，安易に多数決で決めたり，１人の児童の発言で意見をまとめたりしていく場面も見られる。話し合いの学習を進める際に，どのように指導するべきか悩む教師も多い。そこで，高学年児童には，学習の中で話し合い方の課題に向き合い，どのように話し合うことで自分たちの考えをまとめることができたのかを気付けるように指導する。また，その気付きを生かして話し合えるように単元構成を工夫することで，児童自身も力を伸ばしたことを確認でき，より主体的な話し手・聞き手として育てることができる。

2　単元のねらいと概要

　話題を「よりよい公園づくりを考える」とした。６年生児童は社会科で「わたしたちの生活と政治」について学習している。国や地方公共団体の働きに関心をもち，国民生活には国や地方公共団体の政治が反映していること，国民の声が生かされて町づくりが行われていることを知っている。そこで，児童が身近に利用し，みんなの願いをかなえる公共施設として公園の存在に気付けるようにする。よりよい公園にするために，自分たちで改善点をまとめて区役所に提案するという活動を設定する。国語科「未来がよりよくあるために」の学習では，「未来」について考えるが，自分たちの地域の未来をよりよくするために「よりよい公園」という日常生活の中の具体的な施設に

ついて考えていくことで，児童が主体的に話し合いに取り組む環境を整えることができると考えた。

そして，話題設定後も，実際に公園に取材に行ったり，詳しい人に話を聞いたりしたいという児童の意欲を喚起できる。誰もが利用経験のある公園がテーマなので公園についての自分の経験と新たな視点（公園ごとのコンセプト（※）や様々な利用者の願いと公園の役割）に基づいて自分の考えを形成したり，グループでよりよいものを検討したりすることに適している話題である。

また，児童がこれまでの話し合い活動を振り返り，「自分の考えを広げたりまとめたりする」ことを話し合い方の課題として気付けるようにした。

このように，児童が身近に利用している公園を話題にし，「自分の考えを広げたりまとめたりする」話し合いの課題を設定することで，児童が主体的に課題意識をもって学習に取り組むことができると考えた。

※公園ごとのコンセプトはホームページまたは公園課に問い合わせた。

3 主な評価規準

〇複数の視点から情報を整理して検討して情報と情報の関係の表し方を理解し，使っている。

【知識及び技能（2）イ】

〇目的や意図に応じて，改善点を考えるための材料を集めている。

【A話すこと・聞くこと（1）ア】

〇公園ごとのコンセプトや様々な利用者の願い，公園の役割など複数の視点から検討して話し合い，考えを広げたりまとめたりしている。

【A話すこと・聞くこと（1）オ】

〇話し合い方や公園の改善点を話し合うという話題について関心をもとうとしている。

【主体的に学習に取り組む態度】

4 単元計画（全5時間）

次	学習過程	学習の流れ
	社会科	○「わたしたちの生活と政治」の学習で，国民生活には，国や地方公共団体の政治が反映していることを知り，地域の公園づくりに自分たちの声を生かすことに関心をもつ。
第一次	話題の設定	**第1時** 話し合い方について課題をもち，学習計画を立てる。 ○公園をどのように利用しているかを振り返り，地域の公園をよりよくして改善点をまとめる課題に関心をもつ。 <div style="border:1px solid">よりよい公園づくりについて話し合い，提案しよう。</div>○これまでの話し合い方について振り返り，課題をもつ。課題について共有し，学習計画を立てる。 **ポイント①** ○区役所（公園課）の方の話を動画で視聴し，公園には公園ごとのコンセプトがあることや公園の役割について知る。
	情報収集	**第2時** 公園に行き，公園について情報収集する。 ○どのような人が何のために利用しているか，どのような設備が何のためにあるか情報収集する。
課外		○公園について改めて考える時間を設け，各自で情報収集する。
第二次	話し合いの進め方の検討	**第3時** 共通公園で話し合い方の課題に向き合って学習する。 ○自分たちの話し合い方の課題を確認する。 **ポイント②** ○話し合いの例を使って，複数の視点から検討することを押さえ，共通公園で，改善点を話し合う。 ○よりよい話し合い方について振り返る。 **ポイント③**
	考えの形成	**第4時**（本時） 改善したい公園について複数の視点から検討して話し合う。 ○前時の話し合いを振り返り，複数の視点から検討することを確認する。 ○公園の改善したいところをグループごとに話し合う。
	共有	**第5時** 提案をまとめ，話し合い方を振り返る。 ○グループで話し合った内容を学級で共有する。 ○自分たちの提案をまとめ，話し合い方について振り返る。 **ポイント④**
課外		○区役所にグループで考えた各公園の改善点を提案する。

❶これまでの話し合い方を振り返り，課題をもつ

　本単元では，ワークシートの裏表紙にこれま
での話し合い方の課題をのせ，そこから選んだ
自分の目標を書く欄を用意した。これにより，
話し合い方の課題を意識して学習に取り組むこ
とができる。また，学級全体で共有することで，
改めて考えをまとめることの大切さに気付ける
ようにした。

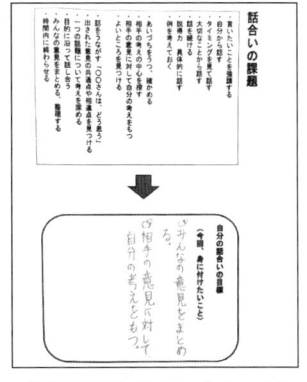

❷話し合い方の課題に向き合う

〈課題を書いたワークシート〉

　第3時では，公園の改善点を話し合う前に今ま
での話し合いを振り返り，改めて話し合い方の課題に向き合う必要性をもて
るようにした。考えをまとめたり，よりよい話し合いにしたりしていくため
にはどのように進めていけばよいか気付けるようにする。自分の担当する公
園で話し合う前に，まず共通の公園で話し合い方の課題に向き合った。さら
に，話し合いの例を提示し，どのような点に気を付けて話し合えばよいか考

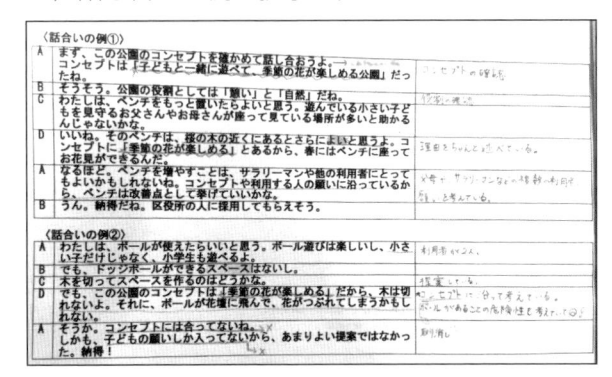

えられるようにした。今
回の話題では，「公園ご
とのコンセプト」「公園
の役割」「様々な利用者
の願い」という複数の視
点から検討して改善点を
まとめることに気付ける
ようにした。また，公園

の図面に改善点や理由を書いた付箋を貼り，可視化して話し合えるようにす
ることで，複数の視点から話し合えているか，振り返ることができるように
した。

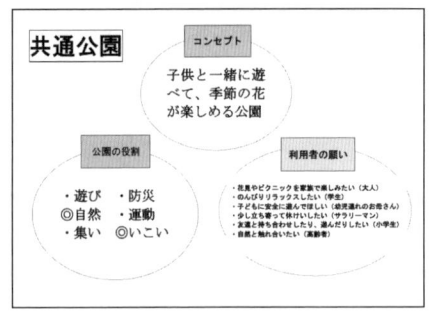

〈共通公園の視点を提示〉　　　　　　　〈話し合いを可視化〉

❸よりよい話し合い方について振り返る

　第3時では，話し合いの例を提示し，複数の視点から検討することによって話し合いをまとめることができることに気付かせる。終末の振り返りでは，そのことを理解できたか確認できるようにする。

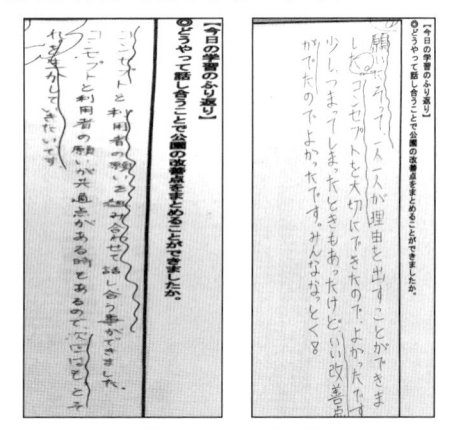

〈第3時の振り返り〉

❹単元の振り返り

　本単元では，「よりよい公園づくりについて考え，提案をまとめる」ことがゴールになっているので，提案をまとめることができたか振り返るとともに，よりよい話し合い方についても振り返ることができるようにする。どのような言葉を使って情報をまとめたり整理したりすることができたか振り返ることによって，汎用的な話し合いの力を付けていくことができると考えた。

6 本時の流れ（第4時／全5時間）

時	学習活動	指導上の留意点
10分	○前時の話し合いを振り返り，複数の視点から検討することを確認する。 ○本時のめあてを確認する。 グループで公園の改善点について話し合い，まとめよう。	・前時でよりよい話し合い方をしているグループの様子を振り返り，複数の視点から検討して話し合えているか確認できるようにする。 ポイント①
30分	○選んだ公園ごとのグループで話し合う。	・資料の活用の仕方を確認する。 　改善点と理由を色分けして付箋に書く。 　公園の図面に付箋を貼っていくこと。 ・改善点に対して，複数の視点から話し合えているか支援する。 〈概ね満足できる児童への手立て〉 　⇒より具体的な改善点や新たな改善点を見付けられるように助言する。 〈概ね満足できる状況を目指す児童への手立て〉 　⇒公園のコンセプトや利用する様々な人の願い，公園の役割を具体的に考えるように助言する。 ポイント②
5分	○話し合いの振り返りを行う。	・話し合いを振り返って，振り返りカードに書く。 ポイント③

7 本時の振り返りのポイント

❶よりよい話し合い方をしている様子を振り返る

　前時では，複数の視点から検討することによって話し合いをまとめることができることに気付かせた。本時では，実際に複数の視点から検討できているグループの話し合いの様子を提示する。そのグループがどのように話し合

ったか聞かせたり，話し合いのやりとりを可視化したものを提示したりして前時で理解したことを振り返れるようにする。さらに，改善点について<u>より</u><u>よい考え（新しい付け足し）</u>を出せている点に気付けるようにした。

〈新高円寺グループの話合い〉		
A	まず、この公園のコンセプトを確かめて話し合おうよ。コンセプトは「子供と一緒に遊べて、自然に親しめる公園」だったね。	確認
B	そうそう。公園の役割としては「願い」と「自然」だね。	コンセプトをしっかり言っている
C	わたしは、ベンチの近くに小さいテーブルを置いたらよいと思う。遊んでいる小さい子どもを見守るお母さんが荷物を置いて座って見ていることができるよ。	提案する根拠 提案をはっきり
B	いいね。そのベンチのテーブルで、売店で買ったものや持ってきたお弁当も食べることができるね。	まず「いいね」を言う
C	ところで、お年寄りのために木だけでなく季節の花がほしいと言っていたよね。ベンチとテーブルの近くに季節の花を植えるといいんじゃないかな。	新しいつけたしのていあん
A	なるほど。ベンチにテーブルを増やしたり、花を植える場所を考えたりすることは、子供連れの母親やお年寄りのようにたくさんの利用者にとってよい！コンセプトや利用する人の願いに沿っているから、ベンチにテーブルを付けてその周りに花を植えることは改善点としてまとまるね。	こうていの考え コンセプトや利用者の考えを取り入れよう
B	うん。一つの意見がよりよくなったね。	「うん」という聞いてるサイン

❷話し合いをしているときに，よりよい話し合い方に立ち返れるように助言する

　グループで話し合いをしているときには，複数の視点から検討できているか児童の話し合いの様子を観察する。1人の利用者の視点のみで話している児童には，導入で確認した板書を示し，多くの利用者の視点や公園のコンセプト，公園の役割から考えることができるように助言する。

❸どのように話し合って意見をまとめることができたか振り返る

　本時の終末には，話し合いに対する振り返りを書く活動を設定する。この時間に学んだことを自分の言葉で表現することによって，メタ認知できるようにする。また，各グループでの話し合いの詳細を知る手がかりとなり，指導に生かせる。

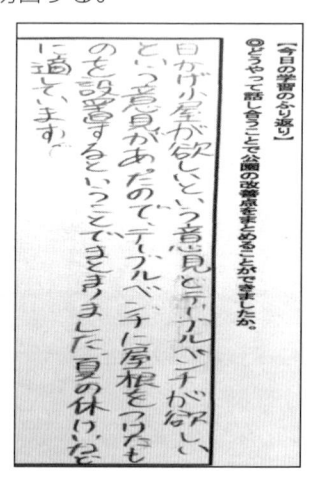

〈本時の振り返り〉

❶「主体的な学び」として振り返りを評価する

　評価の工夫は，単元の導入で話し合い方の課題をもつところから始まる。地域の公園をよりよくするという話題に関心をもつだけでなく，これまでの話し合い方についてどのように振り返っているか学習シートから見取る。個人の課題とグループで話し合うときの課題をもてているか確認する。個人の課題については助言し，グループや学級の課題については共有することで単元の課題とし，話し合いを重ねることでどのように解決に至るかを振り返りから評価できるようにする。本時では，公園の図面（※）を見ながら自分の考えた改善点と理由について付箋を用いて説明したり，書き加えたりするこ

とで可視化しながら分かりやすく説明できるようにする。教師はその付箋から，各グループの話し合いの詳細を知り，評価したり助言したりできる。
※図面は市区町村ホームページまたは地図アプリ参照。

〈公園の図面と付箋　赤（改善点）青（理由）
黄（新たな付け足し）〉

❷「深い学び」として振り返りを評価する

　話し合い活動の終末では，どのように話し合うことで考えをまとめることができたか振り返る。複数の視点から検討して考えをまとめたり，友達や自分の改善案をよりよいものにしたりするためにはどのような言葉を増やしていくとよいか確認する。対話を通して，考えを広げたり深めたりする児童を育てていくためにも，終末の児童の姿を想定して評価し，児童自身にも学びを振り返ることができるようにしていきたい。　　　　　　　　（伊藤愼悟）

2 書くことの授業プラン

1 2年「おもちゃの作り方」（光村図書2年下）

単元名：1年生に「おもちゃの作り方」を教えよう
—振り返りを生かし，学びの連続性・客観性を図る—

【時間数：全6時間】

1 この授業の振り返りのポイント

- 本時の目標に対する自分での振り返りと書いた説明書を友達に読んでもらって行う交流による振り返りをさせる。

　国語科の授業では，学習活動は残っていても，1時間の授業で何ができるようになったか，どんな力を付けるための学習だったのかを児童があまり意識していないこともある。この学習でどんな力を付け，それが次にどのような場面で生かされるのかを児童が意識して学習に取り組むことができれば，主体性や学習意欲が高まると考える。

　書く活動でも，相手や目的を明確にして活動に取り組ませることは大事である。自分の記録に残すためのものであるか，相手に読んでもらうものであるか，目的をもって相手に伝えるものであるかで，書き方も変わってくる。学習を振り返り，分かったことやできたことを確認することで，次の学びや生活の中で生かせる力になっていくのではないかと考える。

　本単元では，学びに向かう姿を向上させるために，次の2種類の振り返りをさせた。一つは，学習計画を立て見通しをもって学習に取り組ませ，本時の目標に沿った振り返りを行い，身に付けさせたい力を意識させること。もう一つは，文章を読んでおもちゃを作ってもらって感想をもらうことを通して，友達から他者の目を通して，伝えたいことが伝わる文章であったかどうかを確認し，改善点を見出すこと。これによって，文章を読み返す習慣も付き，友達から学ぶ姿も見られるだろうと考える。

2 単元のねらいと概要

　本単元では，おもちゃの作り方の説明書を書いて1年生に届ける活動を設

定した。前単元で，説明的文章「しかけカードの作り方」を読み，実際にし
かけカードを作ってみる活動を行った。作り方を説明するためには，組み立
てや順序が大事であることや写真や図などがあると分かりやすいことを発見
し，分かりやすい説明の仕方について学んだ。本単元では，それを生かして，
おもちゃの作り方の説明書を書き，１年生に届けるという活動を行う。おも
ちゃ作りという活動は，「自分も作ってみたい」という気持ちから児童が興
味をもって取り組める活動である。おもちゃの作り方を書いて１年生に伝え
るという活動は，２年生の児童の学びに向かう意欲を引き出す題材である。
グループで話し合ったり相談したりしながら進めることで，書くことが苦手
な児童も意欲的に取り組むことができるだろう。また，生活科の学習と関連
付けて，１年生と「なかよし広場」でおもちゃを作って遊ぼうという相手意
識，目的意識が生まれる。この学習が，生活の場で生かされる場面は多い。
「他のおもちゃの作り方も紹介したい」など，学びの広がりも期待できる。
また，生活の中では，文章に書いて伝えるだけでなく話して伝える機会も多
くあるので，日常的に活用できることを意識させていきたい。

3 主な評価規準

○順序を表す言葉を用いて，まとまりを意識して文章を書いている。

【知識及び技能（2）ア】

○説明書を書くために，必要な事柄を集めている。　【B書くこと（1）ア】

○内容のまとまりを考え，作り方の手順に沿って書いている。

【B書くこと（1）イ】

○語と語や文と文との続き方に注意しながら，内容のまとまりが分かるよう
に書いている。　　　　　　　　　　　　　　　【B書くこと（1）ウ】

○説明書を読み返し，間違いなどを正している。

【B書くこと（1）エ】

○相手意識，目的意識をもって文章を書き，学んだことを生かそうとしてい
る。　　　　　　　　　　　　　　　　　　【主体的に学習に取り組む態度】

4 単元計画（全6時間）

次	学習過程	学習の流れ
第〇次		○1学期に生活科で1年生と一緒にやった「なかよし広場」を思い出し，簡単に作って遊べるおもちゃを考える。
第一次	学習課題の設定	第1時　ゴールを知り見通しをもつ。　ポイント① ○しかけカードの作り方で学習した「分かりやすい説明の仕方」を想起する。 ○「けん玉の作り方」を読んで，説明書の書き方を確認する。
第二次	集材，構成	第2〜4時　書く材料を集め，順序を考えて書く。 ○前書き，材料と道具，作り方，遊び方の組み立てで書くことを知る。 ○材料，道具などを書き出す。 ○作り方の順序をカードに書く。 ○グループで相談し，確認する。
	記述	○順序を表す言葉を使って作り方を書く。 ○前書きや遊び方を書き，説明書を完成させる。
第三次	推敲	第5時　書いた文章を読み返し，修正する。 ○自分で読み返し，間違いや付け足しを赤で書く。 　ポイント②
	交流	○友達と交換して読み，気付いたことを付箋に書く。 　ポイント③
	清書	第6時　清書する。
	活用・実の場	○自分たちが書いた「おもちゃの作り方の説明書」を，なかよし広場に役立ててもらえるように，1年生にプレゼントする。　ポイント④

❶学習計画と振り返りを一体化する

　単元の見通しがもてるように学習計画表を作成し，そこに，毎時間の振り返りができるようにした。児童にとっては，活動のめあてが示されているので何ができればよいかが分かりやすい。めあてを明確にして児童に意識させることで，振り返りの視点も定まってくる。めあてに沿った振り返りをすることで，この時間に学習したことや次の時間に何をやればよいかが明確になり，学びのつながりをもたせることができる。2年生の発達段階も考えて，振り返りで書く活動が，児童の負担にならないように書く字数を減らすよう配慮した。

❷読み返す習慣による振り返り

　自分が書いた文を読み返す習慣は，日常生活においても重要である。低学年に合わせ，学習内容に合わせたチェック項目を作って見直させることは，読み返すときの視点が明確になり，有効である。

　また，友達からの指摘やアドバイスも記録に残すことで，その記録から児童は自分の文章に生かせたかどうかを振り返ることができる。

【自分でふりかえりチェック】
□ ひらがな，かたかな，かん字はまちがっていませんか。
□ 「、」や「。」は，正しくついていますか。
□ 読んでみて，おかしいところや分からないところはありませんか。
□ 「はじめに」，「つぎに」，「それから」，「さいごに」などのことばをつかって，作るじゅんじょが分かりやすく書けましたか。

❸友達との交流を通した振り返り

　低学年の児童は，書いてしまえば「終わった」と，それで満足してしまうことがある。自分で読み直したとしても，間違いに気付かずにそのまま読んでしまうこともよくある。そこで，説明するおもちゃをグループで決め，グループの中で順序や説明の仕方を確かめながら進めたり，書いたものを友達に読んでもらい，アドバイスをもらう場を設定したりすることにした。

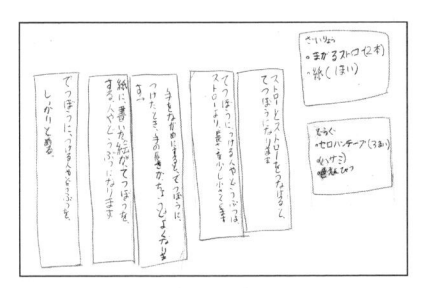

〈カード〉

　　　左のカードを使って，材料や道具，作る順序について相談する。

> どんな材料が必要かな。

> どんな順番で作ったら分かりやすいかな。

　　　友達の意見を聞きながら，自分が気付かなかったところや異なった見方や考え方に気付いたり，伝えたいことが伝わっているかを確認したりすることができる。また，友達の文章のよいところを学び，次に生かそうとする振り返りも見られるようになる。

❹単元全体の振り返り

　生活科のおもちゃを作って遊ぶ「なかよし広場」は，１年生のときのお客さんと２年生でのお店屋さんの２度経験してきている。自分たちが書いた文章が，１年生に伝わり，そこに生かしてもらう喜びがもてる。そのために，作り方が分かりやすく伝えられているかどうかを確認する必要がある。「何をどうする」の文型が整っているかどうか，順序を表す言葉を使って作業のまとまりを考えて書いているかどうかを確かめる。説明書ができたら，友達に説明書の順序でおもちゃを作ってもらうのもよい。１年生に届けるのを楽しみに活動に取り組むことができる。

【友だちにチェックしてもらおう】
□ ひらがな、かたかな、かん字はまちがっていませんか。
□ 、。や。は、正しくついていますか。
□ じゅんじょよく書いていますか。
□ これを読んでおもちゃがつくれそうですか。

> 友だちからのかんそう

パックンわんわんの作り方

〈おもちゃの作り方の説明〉

66

6 本時の流れ（第4時／全6時間）

時	学習活動	指導上の留意点
3分	○前時の学習を振り返る。 ○本時のめあてを確認する。 じゅんじょをあらわすことばをつかって，作り方をくわしく書こう。	・前時の学習をもとに，本時の学習課題へつなげる。 **ポイント①**
30分	○前時に貼ったカードの順序で作り方が分かるかどうか，もう一度確認する。 ○「まず，つぎに，こんどは，さいごに」の言葉を使い，作り方を書く。 ・作業のまとまりで，段落を作る。 ・「何をどうする」が分かるかどうか確かめながら書く。 ・絵や写真を入れて分かるようにする。 ○書いた文章をチェックシートで確認しながら読み返す。	・同じおもちゃの説明書を書く友達と相談しながら進める。 ・段落ごとに1マス下げて書くことを意識付ける。カードのまとまりでのはじめに○を入れて書かせると段落が作りやすい。 ・次時に友達に読んでもらうために，自分で読み直して表現を見直すという意識をもたせる。
10分	○友達と相談したり交換して読み合ったりする。	・声に出して読ませることで，誤字脱字や読みにくいところに気付かせる。
2分	○次時の学習内容を確認する。 ○めあてに対する振り返りを書く。	・本時の振り返りを次時につなげるようにする。 **ポイント②**

❶導入時の振り返りを活用する

　前単元の「分かりやすいせつめい書の書き方」を掲示しておき，気を付けるポイントを確認できるようにしておく。また，振り返りの後に前時にカードに書いたおもちゃを作るための手順をもう一度見直し，友達とも確認することで，順序を意識して文章が書けるようにする。

❷めあてに対する振り返りをする

　順序を表す言葉を使って書くために，おもちゃ作りの手順は４つくらいのまとまりになるように考えさせた。カードを一緒にしたり並べ替えたりして，「まず，次に，それから，さいごに」の言葉に続けて書かせる。また分かりやすい文章とは，「何をどうするか」が書かれていることが大事である。おもちゃを作る作業を思い出しながら，１年生にも分かるかどうかを観点として振り返らせた。

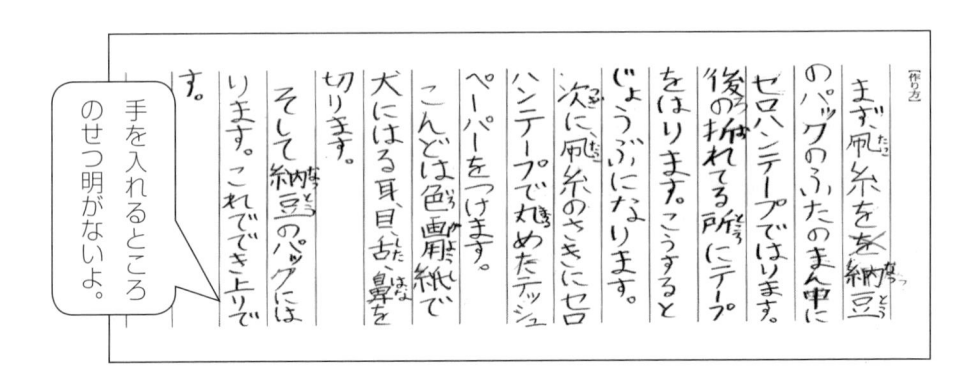

　低学年の児童は，自分で読んでも間違いを読み落としてしまうこともあるが，間違いがないかという意識をもちながら読み直す習慣を付けていくことが重要である。友達と交換して読み合うことで，間違いや修正箇所が見付かることもある。

8 評価の工夫

❶めあてに対する振り返りを評価する

　評価の工夫として，毎時間のめあてに対する振り返りを活用して，教師の評価を伝えていくようにする。めあてを達成しているかどうか，めあてを達成するためにどこをどのように直していけばよいかをコメントや口頭で伝えていく。また，友達の作品を例として，よいところや修正したところを全体で確認し，次の学びに生かせるようにした。

❷「主体的に学習に取り組む態度」としての振り返りを評価する

　ここでは，順序よく分かりやすく書くことをねらい，「1年生におもちゃの作り方を教えよう」という単元を組み立てた。おもちゃの作り方の説明書を読んで，おもちゃを作ることができた，そのことが一番の喜びとなる。それが友達や1年生が児童が文章を書いたことへの評価となり，書いてよかったという学ぶ意欲にもつながる。

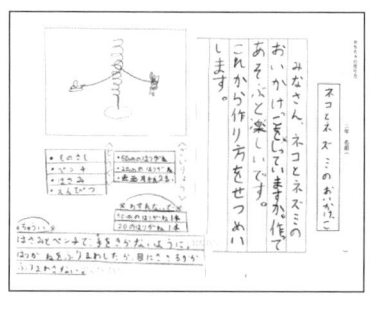

　分かりやすい説明書にするために，順序を考えたり絵や写真を用いたり修正を加えたりできたことを十分に評価したい。書いた文章を読み直し，振り返りを生かしてよりよい文章にしていく過程を大事にしていくことで，学びが生活の中で生かされていくと考える。

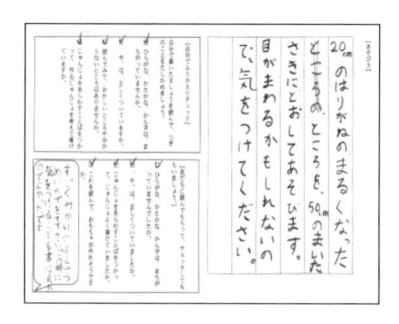

（清水久美子）

② 4年「物語を書こう」（教育出版4年下）

単元名：あらすじを考えて，物語を書こう
—振り返りから友達の思考のよさを認識する—

【時間数：全9時間】

1 この授業の振り返りのポイント

• いつでも話し合える環境を設定することで，考えを広げ，振り返りの際に友達の考えのよさを再認識させる。

　日頃から，児童は国語科の授業で対話的な学びを行っている。しかし，限られた時間の中での「話し合い」という意識が子どもにはあり，書く活動の中で「やっぱり確認したい」「もう少し詳しく聞きたい」と思ったときには話し合いの時間が終わっていることがある。しかし，児童は書く作業を進めながら疑問や書くための取っかかりを求めている場合が多い。そこで，書く活動に取り組む際，基本的なルールを決めた上でいつでも話し合える環境を設定した。また，学習の振り返りでは友達の考えから学んだことを重視することも取り入れた。活動の大半が思考を刺激した状態で進められることで，活動から振り返りにスムーズに切り替えることができた。また，友達の考えをより意識したことで友達の考えのよさを再認識し，「〇〇さんの考えを取り入れよう」「△△さんの考えから次時は〜に取り組んでみよう」といった次の学びにつながる思いや考えが生まれる。

2 単元のねらいと概要

　本単元は，これまでに読んだ物語や自身の経験を用いてあらすじを考え，それをもとにして物語を書く学習である。2年生のときに教科書教材の続き作文として物語の一部を書く学習をしたが，今回は物語を全て書く学習である。物語を全て書くために，今までの学習で積み重ねたことをもとに次

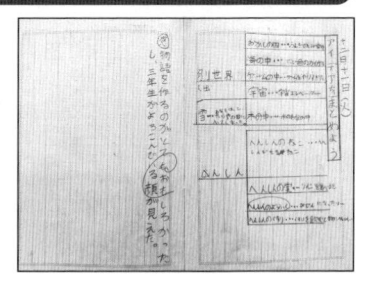

〈くま手チャート〉

のような手順を設定した。

　まず，物語を書くためのテーマやできごとを決める。物語はできことをきっかけとして展開していく。そのために「くま手チャート」を用い，大まかな世界観からできごとを絞り込んでいく。

　次に登場人物の設定を決める。これまでの学習で登場人物のよさや魅力を読み取ってきた。一見，物語と関係のないような細かい設定まで組み立てていくことで物語の中での登場人物の行動やセリフが決まってくる。また，物語の背景を設定することで登場人物の心情をより表現できると考えた。

　その次に，物語のあらすじを考える。物語の内容は「始まり・できごと・できごとの変化・終わり」の4つに分けることができる。教師のモデル文を参考にすることで具体的なイメージをもつことで物語を考えることに対しての抵抗感を下げた。

　ここまでの学習を踏まえ，タブレット端末を使って物語を書く。書き直したいと思う文を入れ替えることで「書いたものを消す」という印象を和らげ，書くことに対する抵抗感を下げる。

　最後に完成した物語に挿絵を入れることで物語のテーマが読み手に伝わりやすくし，書いてよかった，次も書きたいという意欲を高めるようにする。

３　主な評価規準

○段落の役割について理解している。

【知識及び技能（1）カ】

○目的を意識して，経験したことや想像したことなどから書くことを選んでいる。　　　　　　　　　　　　　　　　　　　【B書くこと（1）ア】

○書く内容の中心を明確にし，内容のまとまりで段落を作ったり，段落相互の関係に注意したりして，文章の構成を考えている。

【B書くこと（1）イ】

○単元計画から見通しをもって物語を作ろうと意欲的に活動しようとしている。　　　　　　　　　　　　　　　　　　【主体的に学習に取り組む態度】

4 単元計画（全9時間）

次	学習過程	学習の流れ
第一次	学習課題の設定や取材	第1時　学習の流れを知り，見通しをもつ。 ○モデル文を読んでゴールの形を知り，意欲が高まる。 ○学習計画を立て，見通しをもつ。　**ポイント①** 　3年生に物語を作って読み聞かせをしてあげよう。 第2時　アイデアをまとめる。 ○くま手チャートを用いて，物語のテーマを決める。 ○班の人と話し合いながら活動することで発想を広げる。 **ポイント②**
第二次	構成 記述 推敲	第3時　登場人物・場面の設定を考える。 ○読む人にとって分かりやすい性格になるよう意識する。 ○設定は大まかな部分から狭めていき，特徴的な部分を作成する。 第4時　あらすじ・絵コンテを考える。 ○場面ごとに枠を設け，メモ書き程度の文量を意識してあらすじを作成する。 第5～8時　構成を意識して物語を作る。 ○場面ごとにどの程度の文量を書くか見当をつけさせる。 ○タブレット端末を使い，下書きを書いていく。 **ポイント③** ○会話文などを適宜入れながら，話の流れを作っていく。 ○完成した作品の推敲をさせる。
第三次	交流	第9時　書いた物語を友達と読み合う。 ○友達が書いた物語を読み，一人一人のおもしろかったところを伝え合い，さらなる可能性があることに気付く。 **ポイント④** ○3年生に読み聞かせるため，作品の雰囲気を意識した読み方を考える。
	課外	○朝の読書タイムを利用して3年生に物語の読み聞かせを行う。

5 単元全体の振り返りのポイント

❶学習計画を意識した振り返りを行う

本単元では，学習計画を拡大して教室に掲示した。これにより，単元のゴールを常に意識して振り返りを行うことができる。また，本時は何を学ぶ時間なのかを意識し，児童が主体的に前時を振り返るため，導入で振り返りの時間を取らずに授業に入ることができる。

❷班の人といつでも話し合える環境の設定

いつでも話し合える環境を設定したことで，思考のつながりが強くなり，自分や友達の振り返りを思い出し，学んだことを活動しながら明確にすることができた。また，1人で振り返りを行うことが苦手な児童にとっては話す活動を通して考えがまとまるので，本時で学んだことを意識しやすくなる姿も見られた。また，授業の大半を班で活動していることで，友達のよさを認識して振り返る児童が多く見られた。さらに，よい振り返りに対しては意欲的に共有化が行われた。

〈環境を設定することで安心して話しかけられる〉

〈振り返りを共有化することができた〉

❸タブレット端末を使った書く活動

本単元では，下書きをタブレット端末で行った。児童は長い文章を書く際，訂正することを非常に嫌うことから，タブレット端末の原稿用紙枠を使用し，「コピー＆ドロップ」の機能を伝えた。実際に使用した児童は少ないが，書いた文章を振り返り，段落のつながりを考える児童が多く見られた。

また，前時までの活動を振り返ってから活動する児童が多く見られた。

私は不思議なことが好きな、は

今日は居残りをしていて

「家に帰るの、遅くなっちゃった

なんて言いながら家へ向かって歩

あるボタンが目に入った。

おそるおそるボタンを拾い、お

何もおこらない。

りと家へ帰って行った。

何もおこらなくてがっかりした

「ただいま。」

家に帰り着き、

と言うと、お母さんは急に怒りだ

「どうして夕方なのに外に出てい

したのよ」と

すごく長いお説教がやっと終わ

❹単元の振り返り

　本単元では，目の前にいる物語を読んだ相手からすぐに感想を聞くことができる。そこで，交流した意見から単元全体の振り返りを行った。すると「今度は，今回とはテーマを変えて書いてみたい」「○○くんのを参考に登場人物を工夫した物語を作ってみたい」「自分の物語を読んでもらうのがうれしかったから書いてよかった」「教科書の物語も場面のつながりを意識して読んでみたい」など，これまでに取り組んだ単元や次の単元への学びに向かう力の高まりがうかがえた。

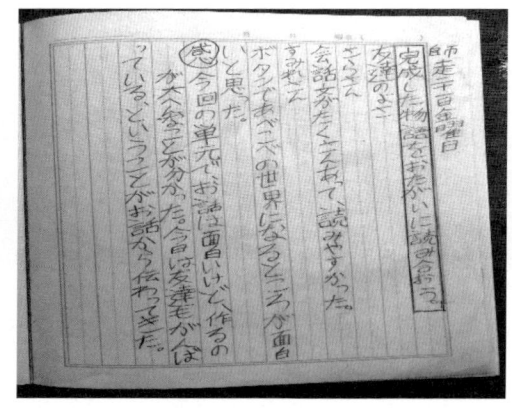

6　本時の流れ（第4時／全9時間）

時	学習活動	指導上の留意点
3分	○前時の学習を振り返る。 ○学習計画から本時は何のための時間かを確認する。 ○本時のめあてを確認する。 あらすじ・絵コンテを考える。	・前時までのノートから振り返らせる。　**ポイント①** ・学習計画から本時の学びを意識させる。
39分	○モデル文を場面分けし、「始まり・できごと・できごとの変化・終わり」について知る。 ・始まり 　物語の設定や登場人物の紹介部分 ・できごと 　物語が始まるきっかけとなる部分 ・できごとの変化 　物語に新たな展開が加わる部分 ・終わり 　できごとから始まった物語が終結する部分 ・文で書きづらいことは絵コンテで表す。 ○前時のノートを振り返りながらあらすじ・絵コンテを考える。 ・4つの場面ごとに枠を設け、メモ書き程度の文量を意識してあらすじを作成する。 ○班の友達とあらすじを読み合い、意見交換をする。	・モデル文を読み、場面が変化する部分を話し合わせる。 ・モデル文のもととなった「くま手チャート」とモデル文を見比べさせ、2時の学習が活きることに気付かせる。 ・設定した登場人物によって物語が進行していることに気付かせる。 ・文、絵コンテどちらから始めてもよいことを理解させる。 ・その場面を象徴する内容を短い文で書き出させる。 ・消しゴムは使用せず、書いたものは全て残させる。　**ポイント②** ・うまくまとまらない児童に対してはモデル文のもととなるあらすじを模倣させる。 ・書いたものを微音読させ、話の筋が通っているか確認させる。

	・班でいつでも話し合いを行っていいことを確認する。	・友達のあらすじを読み，友達のよさに気付かせる。
3分	○本時で学んだことを振り返り，ノートに書く。 ○学習計画から次時の学習内容を確認する。	・本時の振り返りを書き終えた班から共有化を図らせる。 ポイント③

7　本時の振り返りのポイント

❶前時までの振り返りを活用する

　これまでのノートを振り返ることで意欲の高まり，学んだことの振り返りを確認する。また，本時につながる振り返りを発表させることで本時のめあてを意識させる。児童の振り返りを導入にすることで主体的に学習に取り組むことができた。

> 《前時の児童の振り返り》
> ・テーマを未来の自分にしたのでこれから話を作っていくのが楽しみ。
> ・登場人物の設定を書くのは大変だったけど，次の時間に物語をどう作っていくのか楽しみ。
> ・班の人の意見を聞いてこれからどんな話の流れになるのか気になった。
> ・登場人物の口ぐせを話のどこで使っていくか考えたい。

❷書いたものはその場で振り返らせる

　本時ではあらすじを書く際，消しゴムで消さずに付け足す方法をとった。一度書いたものを消さず，新たに書き足していくことで文を常に読み返し，自身の文を振り返ることで思考の深まりをねらった。消しゴムを使わないことで，手を止めず，スムーズに書き進めることができる児童がクラスの大半だった。また，友達と話

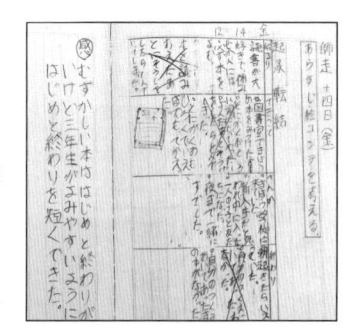

し合いながら書くことでアイデアが膨らみ，修正前の文よりも広がりが見られた。

❸本時の振り返りを書き終えた班から共有化を図らせる。

本時の学習で学んだことを振り返らせる時間を取る。その後，班ごとに共有化を図ることで1人では気付かなかった学びの振り返りや次時への意欲を意識させた。班ごとに行うことで全体を待つことなく，振り返りの話し合いが行われた。

《本時の児童の振り返り》

・あらすじを書くことで物語の流れがはっきりした。

・始めと終わりを短くできた。

・〇〇さんが話し合いでアドバイスしてくれてよかった。

・あらすじが書けたので早く物語を書いていきたい。

8　評価の工夫

❶継続した振り返りから評価する

児童に毎時間ノートに振り返りを書かせ，記録を継続していく。そこから本時の学習の学び，友達からの学び，次時への意欲を捉える。継続した振り返りを行うことで1単位時間における学びの質が向上すると考える。また，児童の振り返りから共有化を図れるものは導入時に全体に伝えることで学びの明確化と意欲の向上をねらっていく。

❷思考の振り返りから評価する

思考の変化を消さずに書き足したものから児童の思考を捉える。児童が何を考えて変化させたのかを捉えることで学習課題の達成を評価することができると考えた。評価の際には座席表型記録表を活用した。　　　　　　　　　　　　　　　　（図師和哉）

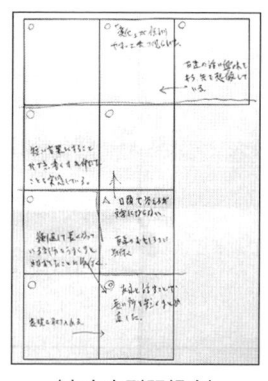

〈座席表型記録表〉

3 6年「自由な発想で－随筆－」(三省堂6年)

単元名：自分のものの見方や考え方を深めよう
—振り返りで共同推敲のよさを実感する—

【時間数：全9時間】

1 この授業の振り返りのポイント

　文章を書くことに対して苦手意識をもつ児童は多く，児童が抱える課題も様々である。1人で書き上げるのではなく，友達との学び合いを大切にしたい。そこで本実践では，共同推敲を通して，効果的な構成や表現の仕方などを確かめたり工夫したりする活動を行った。友達の助言から，自分の思いや考えが明確になったり，文章がよりよいものになることを実感したりすることで，文章を書くことに対する抵抗が減ると考えられる。また，随筆を読み合い，友達のものの見方や考え方に触れることで，自分のものの見方や考え方を広げることにつながる。このように協働で文章を書くことのよさを味わわせることで，次の学習の意欲へとつなげていきたい。

　そのために，共同推敲をする前，共同推敲をした後，交流会を行った後に振り返りをする。共同推敲をする前に，自分の文章を読み返し，共同推敲をする際の課題を挙げさせる。共同推敲をした後は，友達からもらった助言や友達にした助言で随筆がよりよくなったという，前向きな振り返りをさせたい。そして，交流会をし，作品に対する友達からの感想をもらい，自分の書いた文章について振り返り，もう一度書いてよかったという前向きな振り返りをさせ苦手意識をなくしたい。

2 単元のねらいと概要

　随筆とは，見聞や経験，感想などを気の赴くままに記した文章を指す。日常生活の中のできごとから自分の内面と向き合うことで，思いや考えを大いに広げるとともに，自分のものの見方や考え方を見つめ直す。そして，随筆に書くことを通して，自分のものの見方や考え方が広がったり，深まったりすることを感じられるようにしたい。

そのためまず，自分の思いや考え，できごとや体験などが明確に表現できるように，文章全体の構成を考えさせる。その際，どの段落に何を書くかを考えたり，自分の思いや考えをどの段落に述べるかを考えたりすることが重要である。構成が決まったら次は記述である。冒頭部や終結部の書き方の工夫なども大切になる。事実と自分の思いや考えを区別して書くことについても押さえる。目的や意図に応じて，詳しく書いたりまとめて書いたりすることも必要である。そして，既習の表現技法を確認したり，語彙を増やしたりする活動を取り入れ，思いや考え，できごとの様子などが生き生きと表現できるように指導した。

　構成，記述の両段階で書いた作品を友達と共同推敲することで，自分のものの見方や考え方が明確に表せているか，文章構成や表現などが工夫されているかを吟味し，よりよい文章を目指す。さらには，書いたものを読み合うことで，友達のものの見方や考え方に触れ，自分の幅を広げられるようにするとともに，自分のものの見方や考え方を人に伝えることのよさも味わえるようにしたい。

３　主な評価規準

○思考に関わる語句の量を増やし，文章の中で使っている。また，語感や言葉の使い方に対する感覚を意識して語句を使っている。

【知識及び技能（1）オ】

○目的や意図に応じて事実と感想，意見とを区別して書くなど，自分の考えが伝わるように書き表し方を工夫している。

【B書くこと（1）ウ】

○文章全体の構成や書き表し方などに着目して，文や文章を整えている。

【B書くこと（1）オ】

○生活の中で体験したできごとの自分にとっての意味を考え，場面の様子と自分の思いを区別して随筆を書こうとしている。

【主体的に学習に取り組む態度】

4 単元計画（全9時間）

次	学習過程	学習の流れ
第〇次		○題材を集める。12の視点の中から，５つ程度選んで短作文（400字程度）を書く。 ○心情，思考に関する言葉集めをする。
第一次	学習課題の設定	**第１・２時** 随筆がどのようなものかを知り，見通しをもつ。 ○例文を読み，随筆の特徴をつかむ。 ○例文から，文章構成の工夫や表現の工夫を知る。
第二次	題材の設定，情報の収集，内容の検討構成の検討	**第３時** 集めた題材の中から，考えを広げる題材を１つ選び，文章構成を考える。 ○構成メモ，付箋を使って，構成を考える。 ○友達とアドバイスをし合い，構成を決める。
第三次	考えの形成，記述	**第４・５時** 随筆を書く。 ○構成メモをもとに，随筆を書く。 ○できごとや経験，自分の思いや考えが明確に表せているかを確認する。 ○助言をもらいたいところを明らかにする。 ポイント①
第四次	推敲	**第６時** 推敲の仕方を知る。 ○推敲の仕方，観点を知る。 ○グループごとに，モデル文の推敲をする。 **第７・８時** 共同推敲をする。 ○グループごとに共同推敲をする。 ポイント② ○清書をする。
第五次	共有	**第９時** 交流会をする。 ○随筆を読み合い，構成や表現のよさ，友達のものの見方や考え方についての感想を伝え合う。 ポイント③

第〇次【題材集めの12の視点】

初めて経験したこと	最近興味をもったこと	疑問に思ったこと
最近うれしかったこと	最近感動したこと	新しく発見したこと
最近驚いたこと	最近すっきりしたこと	最近腹が立ったこと
ほっとしたこと	最近失敗したこと	最近大笑いしたこと

5 単元全体の振り返りのポイント

❶共同推敲をする前に課題を明らかにする

　随筆を書き上げた後，自分の書いた文章を読み返し，自分の伝えたいことが明確に表されているかを確認する。そして，構成や表現の工夫について悩んだり，迷ったりしている点を挙げさせる。自分の課題を明らかにしておくことで，ぶれることなく共同推敲でき，振り返りも焦点を絞れたものにすることができる。

❷共同推敲をした内容について吟味する

　共同推敲は4人グループで，随筆を書いた本人が挙げた課題を中心に推敲を行う。読み手が一方的に改善点を伝えるのではなく，書き手の意図を踏まえ，書き手と共に表現を吟味していく過程を大切にする。1つの内容について，複数の友達と意見を交わすことで，書き手自身の思いや考えが明確になったり，それを表す表現としてしっくりくるものを考えたりすることができると考える。また共同推敲を行うことで，友達のコメントを聞くことができ，自分では気付かなかった推敲の観点にも着目することができる。その気付きは，他の友達の作品を推敲するときや，自分自身の作品を推敲するときの参考にもなると考える。

　様々な助言をもらう中で，書き手自身が自分のものの見方や考え方を最も適切に表現できる語句や語感，表現方法，構成などを選ぶことができる。そのようにしてよくなった随筆をもとに前向きな振り返りをさせたい。

> 何個も案を出すのが大変でした。同じ意味の言葉を探し，それを元の作文につなげるのが大変だったけれど，書いた本人が喜んでくれるのがすごくうれしかったです。

❸交流会で自分のものの見方や考え方を広げる

　交流はクラス内で行い，今まで一緒に過ごしてきた友達が，どのようなも

のの見方や考え方をしているのかを知る機会とした。自分と同じような考え方でも，異なる考え方でも，自分の考えを広げ深めることにつながるので，様々なものの見方や考え方に触れさせたいと考えた。

　また，ものの見方や考え方についての感想だけでなく，構成や表現のよさについても伝え合った。友達から感想をもらったり，自分の書いた文章のよさを伝えてもらったりすることで，自分の思いや考えを文章に書き表すことのよさを味わわせることができた。ここでも書いてよかったという前向きな振り返りをさせたい。

> 　私の随筆に 5 人の感想があって、嬉しかったです。「詳しくて理解できた」や「気持ちが分かる」と書いてあって、自分の作文を推敲してくれた 4 班に感謝したいです。

> 　ぼくは、女子と男子のものの見方や考え方の違い、表現の違いが分かった。今度随筆を書くときには、そのものの見方や考え方、表現のおもしろさをコラボさせてもっとすごい作文にしたい。推敲したところがおもしろいと言われて、班の人に感謝した。5 人も感想があり、自信がもてた。

> 　友達からもらった感想には、自分で後から直したところや自分で頑張ったところについて書いてもらえたのでよかったです。

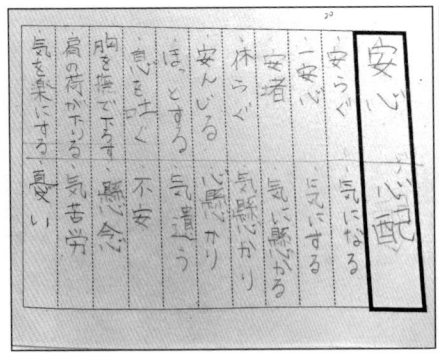

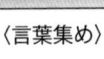

〈言葉集め〉

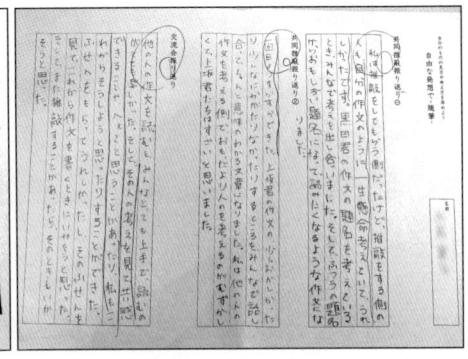

〈共同推敲・交流会振り返り〉

6 本時の流れ（第7時／全9時間）

時	学習活動	指導上の留意点
2分	○本時のめあてを確認する。 書き手の思いや考えがより伝わるように共同推敲する。	
6分	○推敲の観点，共同推敲の流れを確認する。 【推敲の観点】 ①書き手のものの見方や考え方が明確に表されているか。 ②効果的な構成になっているか。 ③表現の工夫がされているか。 【共同推敲の流れ】 ①書き手自身が作品を音読する。 ②書き手のものの見方や考え方を確認する。 ③助言を必要としている点を伝える。 ④ ③を中心に検討する。 ⑤ ③以外の点についての推敲をする。	・前時に行った推敲の仕方を想起させる。 ・本時では4人グループの中から，2人分の作品を共同推敲する。 ・1人あたり15分間行う。 ・書き手の意図を踏まえて構成や表現の工夫を考えることを確認する。 ポイント①
32分	○共同推敲をする。	・これまでのワークシート（言葉集め，表現方法の工夫，推敲の仕方）や国語辞典を活用する。
3分	○共同推敲したことを振り返り，必要なことを書き込む。	・本時で共同推敲を行わなかった児童も，自分の作品を読み直し，必要なことを書き込ませる。 ・新たに気付いたことも，清書に生かしてよいことを伝える。 ポイント②
2分	○本時の学習の振り返りを書く。	・本時で学んだことや感想を書く。 ポイント③

7 本時の振り返りのポイント

❶自分の課題を伝える

　共同推敲を行う際，まず，自分の書いた随筆を音読し，自分の伝えたい内容や助言を必要としている点を友達に伝える。こうすることで，推敲の観点がぶれることがなくなる。また，読み手からの質問を受ける中で，自分の伝えたい内容がより明確になり，それが表されているか確認することができる。そして，伝えたい内容と表現が一致しているか，効果的な表現になっているか，さらに工夫できるところはないか，など新たな課題についても確かめることができる。そのことで焦点が絞れた振り返りになると考える。

❷推敲した内容について振り返る

　４人グループで推敲を行うため，様々な助言がされる。助言をそのまま受け止めるのではなく，助言してもらったことの中から，自分の思いを伝えるための表現として，最も適していると思うものを書き手本人に選ばせる。こうすることで，表現方法や言葉の選び方などについての感覚も豊かなものになっていく。友達の随筆を推敲したことで，自分の文章にも生かすことができた。ここでは振り返りは書かせないが，変更した内容をしっかり思い出させると以下のような振り返りが出てくるようになる。

> 　自分の文章には足りない部分がたくさんあり，そのことをいろいろ話し合った結果，よりよいものになったと思う。自分にはないアイディアや表現をみんなで考えられてよかった。

> 　自分の推敲をするとき，みんなが出してくれた案をまとめて自分で決めるのは難しかったけれど，みんなが考えてくれたおかげで決めることができた。友達の推敲のとき，自分の出した案が使われてうれしかった。

❸共同推敲に対する振り返りをする

　本時の終末には，共同推敲に対する振り返りを書く活動を設定する。助言してもらったことや助言したことなどについて振り返る。友達との学び合い

から広がったことや深まったこと，新たに生まれた課題などに気付かせる。また，辞書や言葉集めのワークシートなどを活用することのよさを確認することで，次の学習にも生かされていくと考えられる。以下のような振り返りがあった。

> 　最初，ぼくの考えがみんなに受け入れられるだろうかと不安になっていたが，みんな自分の意見をしっかりともち，的確なコメントまでくれたことがとてもうれしかったです。推敲をしてもらったり，コメントをもらったりと，多くの友達に助けてもらい，厚意にふれた推敲だったと思います。

8　評価の工夫

❶「考えの形成」として振り返りを評価する

　共同推敲をするために自己の課題を挙げる際の評価と共同推敲を終えての振り返りを評価する。児童自身が自分の随筆を読み返し，どのような課題があるかを明らかにすることで，書く力を評価することができる。評価の工夫としては，一人一人の課題を把握し，必要に応じて教師からの助言も加え，共同推敲への取り組み方が主体的になるようにする。

❷「主体的に学習に取り組む態度」として振り返りを評価する

　本単元では，共同推敲，交流会を終えての振り返りを重点として「主体的に学習に取り組む態度」に関する事項を評価する。共同推敲で助言をしたことや友達の助言を聞いて考えたことで，よりよい文章になったことを認め，称賛することで，次の学習に向かう力を高める。また，交流会で自分の書いた文章のよさや自分のものの見方や考え方に対する感想をもらうことで，文章を書くことのよさや友達の書いた文章を読む楽しさを味わわせ，次の学習への意欲とつなげていく。

　評価の工夫は，教師が児童の振り返りにコメントを付けて紹介することである。一人一人の振り返りに目を通し，学んだことや新しい気付きを紹介することで児童の学び合う姿勢を一層高めることができる。　　　　　（森田愛子）

3 読むこと（説明文）の授業プラン

1 2年「あなのやくわり」（東京書籍2年下）

単元名：2年1組「あなの　やくわり　じてん」を作ろう
　　　　—学習の見通しと振り返りにより「読む力」を自覚させる—

【時間数：全10時間】

1 この授業の振り返りのポイント

　この単元では「説明の仕方」と「理由を考えながら読む」ことを「読む力」とした。ここでの「読む力」とは，説明文を読むための能力のことである。学習のめあてを解決するために「読む力」を明確に提示し，それに対しての振り返りを記述する。毎時間ごとの振り返りによって，説明文を読むための能力を向上させていく。

　つまり，説明文の指導をするにあたり，当該学年で身に付ける「読む力」を，教師側が明確にもつことで，この単元で身に付ける「読む力」と既習事項をもとにした「読む力」がはっきりと分かり，児童に的確な指導ができる。また，児童は，「読む力」を活用しながら説明文を学習し，さらに，事後に振り返ることで，児童自身が「読む力」を自覚し，次の説明文の単元の学習に活用することができるようになる。

2 単元のねらいと概要

　この単元のねらいは，説明の仕方に気を付けて理由を考えながら読み，身近にある穴の役割について調べた内容をまとめることである。児童はこれまでの学習で，時間的な順序や事柄の順序などを考えながら内容の大体を読み取ることを学習してきた。しかし，文章の内容と自分の経験とを結び付けて読む経験はまだ十分でない。そこで，本単元では，穴の役割を説明する内容の文章から読み取ったことと，自分の経験などと結び付けながら自分の思いや考えをまとめ，身近にある穴の役割について説明し，「あなの　やくわり　じてん」にまとめることをねらいとした。

3　主な評価規準

○共通，相違，事柄の順序など情報と情報を結び付けている。

【知識及び技能（2）ア】

○穴の位置や穴があいている理由などについて，重要な語や文を見付けながら読み取っている。　　　　　　　　　　　【C読むこと（1）ウ】

○文章の内容と自分の経験を結び付けながら読み，穴の役割についての自分の考えをまとめて，発表し合っている。　　【C読むこと（1）オ，カ】

○身の回りの物にあいている穴の役割に興味をもち，穴があいている理由を考え，調べたことをまとめている。　　　【主体的に学習に取り組む態度】

4　単元計画（全9時間）

次	学習過程	学習の流れ
第一次	学習課題の設定	第1時　学習の見通しをもつ。　　　　　　ポイント①
		○文章を読み，分かったこと・気付いたことを伝え合い，発表し合う。
		2年1組「あなの　やくわり　じてん」を作ろう。
		○学習課題を共有し，学習計画を立てる。
課外		○身の回りから穴があいている物をさがし，本で調べる。
第二次	構造と内容の把握	第2時　内容の大体を捉える。
		○文章全体を「始め」「中」「終わり」の3つに分ける。
	精査・解釈	第3・4時　文章の中の重要な語や文を読み取る。
		ポイント②③
		○穴の役割の具体例として，どんな物が紹介されているのかを読み取る。
		○それぞれの物に穴があいている理由を読み取り，説明の仕方に気付く。
	考えの形成	第5時　文章の内容と自分の体験を結び付けて考えをまとめる。

	共有	○穴の役割について読み取ったことを，自分の経験と結び付けて考えをまとめる。 **第6時** 書いた文章を友達と読み合い，考えを共有する。 ○穴の役割について考えを書いた文章を友達と読み合い，感じ方の違いに気付く。
第三次	活用	**第7・8時** 身の回りの物にある穴の役割について考える。 ○身の回りにある穴の役割について調べて考えたことをまとめる。 **第9時** 「あなの　やくわり　じてん」の発表会を行い，単元の学習を振り返る。　**ポイント④** ○調べてまとめた文章をクラス全員で発表し合う。 ○単元全体の学習を振り返り，分かったことや身に付いたこと，できるようになったことをまとめる。

5　単元全体の振り返りのポイント

❶学習計画と「読む力」と振り返りを一体化する

　本単元では，学習計画と「読む力」と振り返りが一体となった表を用意した。その時間の学習で活用した「読む力」に対応した振り返りを書き，読むことの資質・能力を自覚していく。また，学習計画表があることにより，見通しをもって学習することができ，児童が主体的に学習する手立てとなる。

単元全体の
振り返り

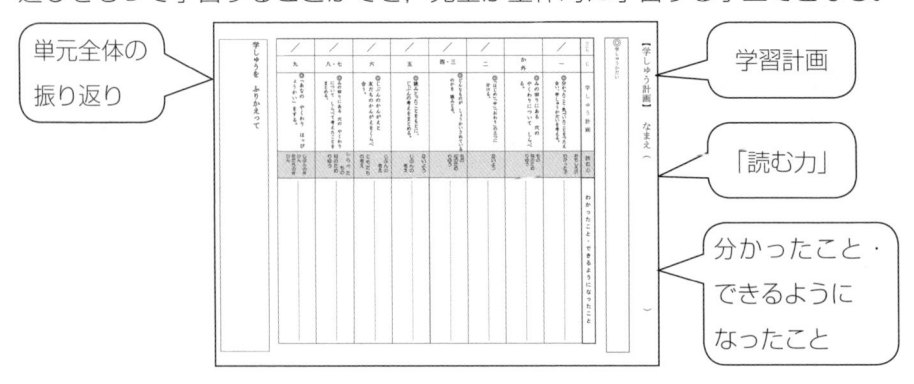

学習計画

「読む力」

分かったこと・
できるように
なったこと

❷振り返りの問い返しとヒントの提示

　低学年では，「楽しかった」「おもしろかった」という学習感想になってしまう。しかし，発達段階を考え，「楽しかった」「おもしろかった」という振り返りを否定せず，まずは認めることが大切である。そこで，「○○さんは，どこが楽しかったの」など，本時のねらいに迫るような問い返しをすることで，学習の振り返りができるようにする。また，毎時間，振り返りのヒントを掲示することで，児童がどのようなことを記述したらいいかが分かり，学習の振り返りの手立てとなる。

❸学習計画表と振り返りの掲示

　学習計画表は上段が「学習の見通し」，下段が「読む力」と「ふりかえり」になっている。児童と同じ学習計画表を拡大し，掲示しておき，毎時間の「ふりかえり」を記入していくことで，児童が学習の見通しをもつことができ，さらに，振り返りで気付いたことを，次の学習に生かすことができる。いつでも目にする場所に掲示することも工夫の一つである。

❹単元全体の振り返り

　本単元の最後は，「あなの　やくわり　じてん」の発表会を行い，単元の学習を振り返る。

　児童は，友達が作った「あなの　やくわり　じてん」を読むことで，自分の作品と比較して考えることができる。違うものの穴だったら，「この穴は，こういう理由で，穴があいているんだな」という，新しい発見につながる。また，同じ物の穴を調べた場合でも「○○さんと同じ物を調べたのに，気付いたことが違った。こういう考えもあるんだな」など，自分の考えを広げることもできる。

　さらに，児童が単元全体を通して振り返ることで，この説明文を読んで身に付いた「読みの力」を次の学習，次の学年へとつなげることも期待できる。

6 本時の流れ（第7時／全9時間）

時	学習活動	指導上の留意点
3分	○前時の学習を振り返る。 ○本時のめあてを確認する。 みの回りにある　あなのやくわりについて　しらべて考えたことを　まとめよう。	・前時の振り返りをもとに前時で身に付いた「読む力」を確認する。　**ポイント①**
3分 20分 15分	○調べるものについて，それぞれが本からどんなことを読み取るのか確認する。 ・穴のあいている物，穴の役割，詳しい説明を読み取っていけばいいんだな。 ○読み取ったことをもとに，自分が調べた物について，文章に書くことを整理する。 ・先生の作品には，何のために穴があいているのか，詳しく書いてあるよ。 ○友達と共有し，書いたことが伝わるか確認する。 ・これで，私が調べた「あなの　やくわり」が伝わるかな。 ・○○さんは「道具に穴がなかったらどうなるか」まで書いてあったぞ。ぼくも付け加えよう。	・教師がモデルとなる作品を提示し，見通しをもたせる。　**ポイント②**
4分	○次時の学習内容を確認する。 ○「読む力」に対する振り返りを書く。	・学習計画表の「読む力」を確認し，活用できたかどうかを振り返りに書く。　**ポイント③**

❶前時の振り返りを活用する

　教室に掲示してある「学習計画表」を確認し，前時の振り返りを紹介しながら，学習したことを確認する。今までの学習で身に付いた「読む力」を認識し，これを使いながら読み取るという，見通しをもつことができる。また，児童の振り返りを紹介することで，「こういう力が付いたんだな」「こういうことを学習していけばいいのだな」と自分自身の考えを広げるきっかけとなることが考えられる。

❷教師のモデルに対して振り返りをする

　教師がモデルとなる作品を提示し，学習に対する見通しをもたせる。学習した後，児童が自分の作品と，教師のモデルと見比べることで，どんなことを読み取り，情報を書き抜くことができたか振り返り，さらに付け足した方がいい事柄を考えることができる。

〔教師のモデル〕

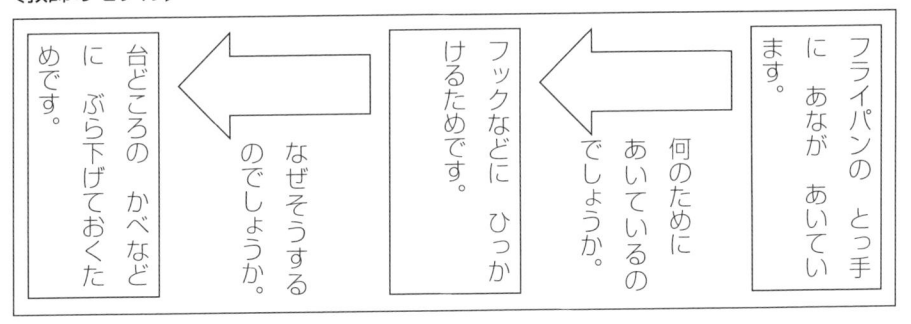

❸「読む力」に対する振り返りをする

　本時の終末には，本時の学習で活用した「読む力」に対する振り返りをする。学習計画表の下欄にある「読む力」を振り返り，本時でどのように活用したか，どんな「読む力」が付いたか，次の学習でどのように活用していきたいかを書くようにする。

　また，「読む力」が付いたことに対する喜びについても振り返らせたい。自分が言語活動を通して力が付いたことを実感した１年生は，今後も主体的

に国語の学習に取り組むことが考えられる。6年間の礎として，学びに向かう力を1年生のときにしっかりと育てておきたい。

> 《児童の振り返り》
>
> 　いままでの学習を生かして，自分でしらべたものの穴と何のためにあいているかと，そのりゆうを読み取ることができました。他の本でも，ものの穴についてこの読み方で読み取っていきたいです。

8　評価の工夫

❶学習過程に沿って振り返りを評価する

　学習指導要領には，読むことの学習過程として，構造と内容の把握，精査・解釈，考えの形成，共有という過程が示されている。今回の単元では，この学習過程に沿った振り返りをすることで，児童が「読む力」をどれくらい身に付けることができたか，評価をすることができる。そのことにより，児童に読む力が付いたということを自覚させ，自分の成長への喜びを味わわせたい。また，これを活用し，教師も，次時への個別の指導計画を立てることもできる。このことにより適切な指導ができるだけでなく，児童の振り返りを用いて指導計画を作るので，児童の主体的な学習になる。

❷「学びに向かう力」として振り返りを評価する

　単元を通して，毎時間振り返りを書くことで，児童の「学びに向かう力」を評価することができる。その際，毎時間，振り返りを紹介することで，児童がどのように書いたらいいのか，どう振り返ったらいいか分かるようにする。「○○さんの〜という考えに気付いた」「読む力が自分の調べ学習にも活用できた」など，児童が「読む力」を自覚することにもつながる。

　大切なことは，毎時間，教師が児童の振り返りに対して温かいコメントを書くことである。教師のコメントが児童の学びに向かう励みとなるだけでなく，児童一人一人の見取りにもつながる。

〔資料１〕児童に提示する写真

〈①コンセントの穴〉

〈②穴杓子〉

※このように具体物と関連させることで，穴はどういうものか，どういう役割なのかを児童が実感できるようになる。

〔資料２〕ワークシート例

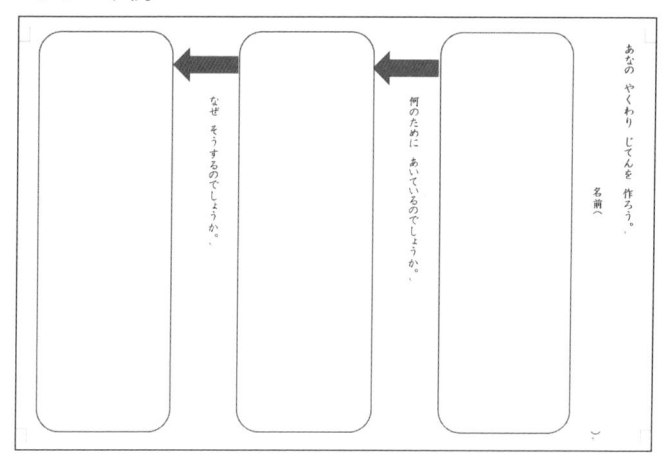

※穴の形，役割に具体的なイメージがもてるようになると文と文のつながりも適切に理解できるようになり，論理的思考育成につながる。

（清水絵里）

単元名：便利について考えよう

―振り返りで引用のよさに自然と気付かせる―

【時間数：全10時間】

1　この授業の振り返りのポイント

• この授業での振り返りは，引用という言語技術についての振り返りを重視した。どうしても児童は本文に書いてある内容についての感想を振り返りに書くことが多いので，実際に引用をさせることを通して引用についての振り返りをさせるようにした。またどうしても引用についての振り返りを書くとなると，引用が難しかった，という方法についての振り返りが出てしまう。そこで本実践では引用して意見を伝えた結果，相手に伝わってよかったという引用のよさについて振り返ることをねらいとする。教師が無理によさを押し付けるのではなく，児童自身が振り返りを通して自然と引用のよさに気付いていけるように指導していく。

2　単元のねらいと概要

本単元「『便利』ということ」は，立場を変えて道具や設備について検討し，便利とはどのようなことかを考えていく文章である。紹介された事例を写真や写真に添えられた短い説明とともに読むと，道具や設備がどんな考えで，改良されてきたのかが分かりやすい。こうした事例に触れることで，普段は漠然と捉えている「便利」ということについて，考えを深めながら読み進める。また，自分の経験と重ねながら読むことで，「便利」について，より実感的に考えを形成し，それを文章にまとめることを目的とした単元である。

本教材では，具体例を挙げながら筆者の考えが書かれている。

《具体例》

①耳の不自由な女性が言った言葉と思い

②少し前の時代と現代の道具の「便利」ということ

---

③たくさんの人が使う設備の「便利」ということ

　それぞれの具体例は読み取りすく，道具や設備がどんな考えで改良されてきたのかが，分かりやすく書かれている。そこで，具体例を押さえながら，どうすればもっと多くの人にとって便利になるか，不便だと感じる人が少なくなるためには，どうしたらよいかということについて，考えを深めながら読み進めていくことが大切である。また，本教材を通して，立場・見方を変えて物事を捉えることを学び，自分とは違う立場の人を思いやる共生の視点を身に付けることも重要である。

　また，本単元では「引用」について学習していくため，「○○な人におすすめ！ポスターセッションで便利なものを紹介しよう」という言語活動を設定し，ポスターセッションで説明する際に，引用を用いることとした。引用を使って自分の考えをどう伝えるのか，適切な引用文をどう探すのか，引用のよさとは何か，具体的な言語活動を通して児童に学習させていくことをねらった。

3　主な評価規準

○引用文の仕方を理解してポスター発表をしている。

【知識及び技能（2）イ】

○段落相互の関係に着目しながら，考えとそれを支える事例との関係について，叙述をもとに理解している。

【C読むこと（1）ア】

○文章を読んで理解した事例と自分の経験を結び付けて自分の考えをもてている。

【C読むこと（1）オ】

○プレゼンテーションを通して，自分の考えを相手に伝えるには引用がどのような点で効果的であるか具体的に振り返りに書いている。

【主体的に学習に取り組む態度】

4 単元計画（全10時間）

次	学習過程	学習の流れ
第〇次		○パラリンピックの競技を知り，ビデオで競技を見る。 ○障害者体験セットを用いて，様々な立場の体験をし，不便さを体験する。（総合的な学習との関連）　ポイント①
第一次	学習課題の設定	第1時　学習のゴールを知り，見通しをもつ。 ○最終的な言語活動のイメージを明確にもつ。 ○「『便利』ということ」を読み，「便利とは何か」「筆者の伝えたいことは何か」を考え，学習計画を立てる。　ポイント② ○引用という語句の意味を知る。
課外		○バリアフリー，ユニバーサルデザインなどの本を書架に置いておき，興味をもたせる。 ○分からない語句について，国語辞典を使って意味を調べる。
第二次	内容の把握 引用の練習	第2～5時　本文を読み取り，引用の仕方を知る。 ○事例ごとに作者の伝えたいことを読み取る。 ○身の回りの便利な事例（バスの電光掲示板や，テレビの字幕，ユニバーサルデザインのはさみ，歩道橋等）の便利さを紹介するために教科書の本文を引用させる。 第6～8時　教科書本文を引用して意見を伝え，引用のよさを知る。　ポイント③④ ○便利について考えたことを，本文を引用しながら書くことができる。 ○班で書いた文章を読み合い，引用した文章が適切かどうか話し合う。 ○引用している文と引用していない文を比較し，引用することのよさをまとめる。
第三次		第9・10時　プレゼンテーションの準備，発表をする。 ○自分が決めたテーマをもとに，プレゼンテーションの準備を行う。 ○学級内でプレゼンテーション発表会を行い，単元全体を振り返る。　ポイント⑤

5 単元全体の振り返りのポイント

❶児童の意欲を喚起する

　児童にいきなり，ポスターセッションをしようと投げかけても児童は主体的に活動することができない。その結果言語活動中の思考も活発にならず，その思考を振り返って書く振り返りも充実したものにならないと考える。そこでパラリンピックの競技を伝えて，その競技のビデオを見たり，総合学習で障害者体験セットを用いて不便な体験をしたりして，児童たちが便利なものに自然と注目するようにした。そのことで主体的に言語活動をすることができ，結果として振り返りも充実したものになる。

❷学習計画と振り返りを一体化する

　本単元では，ワークシートを貼っていく画用紙の表紙に，学習計画の表を用意した。これにより，単元の見通しと本時のめあてを意識して取り組むことができ，本時のめあてに対応した振り返りを書くことができる。また，学習計画表があることにより，見通しをもって次につなげる振り返りを書くこともできる。

❸前時の振り返りを紹介する

　振り返りの内容は，「作者の伝えたいことが分かった」「初めて知った」などという感想を書く児童もいる。そこで引用に着目したよさについて振り返りを書いた児童の振り返りを紹介し，児童が自然と引用に着目した学習や振り返りになるようにした。

　例えば以下のような振り返りを紹介した。

> ・引用すると他の人にしっかり伝えられる。
>
> ・他の人と同じことを考えているから自信がもてる。
>
> ・引用を使うと，みんなに信じてもらえるような文章になることが分かった。
>
> ・自分の意見と信じられる人との意見を合わせただけで文章を読んでいる人に分かりやすくなるんだ！と思った。
>
> ・話し合いとかで引用して相手を納得させたい。

・引用を使って説得力のある文章を書きたい。

　教師がこの振り返りはどういうところがよいのかをていねいに説明することで，児童の振り返りを限定してしまう危険もあるが，振り返りの仕方や振り返る対象を児童に明確に示すためにも振り返りのよいところを紹介して児童に振り返りを意識させたい。

❹児童にテーマを決めさせる

　児童が主体的に言語活動をしなければよい振り返りをすることは難しい。そこで児童が実際に便利だと思うものをテーマにしてプレゼンテーションを行うことにした。バリアフリー，ユニバーサルデザインなどに関連する本を書架に並べて置き，児童がいつでも読めるようにした。そのことで児童は自分で発表したいものを選び，主体的に活動することができるようにした。その結果振り返りも充実したものになると考える。

❺単元の振り返り

　本単元では最後にプレゼンテーションを行わせた。そのことで児童は引用を使うと，自分とは違う人も同じことを言っているんだと聞き手に思わせることができ，相手が納得してくれることを実感すると考えた。大切なことは引用を本単元でしっかり身に付けることだけではなく，今後も引用を使いたいと意欲を高め，今後も引用を使っていくことである。最後の振り返りで引用について前向きな振り返りを書けるよう，その前のプレゼンテーションではいいところを見付け合って認め合うような学習にしていくことが重要であろう。最後は反省点を上げるよりもうまくいったところを書かせて，今後につなげたい。

時	学習活動	指導上の留意点
5分	○前時の学習を振り返る。 ○ポスターセッションをするために，便利について学んでいることを明確にし，本時の学習課題を提示する。 自分の体験したことを，本文を引用して文章に書こう。	・前時の振り返りをもとに，本時の課題設定へつなげる。
10分 10分	○⑩，⑪段落を音読し，便利に対する考え方が書かれている部分にサイドラインを引く。 →同じ目的を果たす道具が，様々な立場の人に合わせて何種類も作られるようになり，一人一人が，その中から最も使いやすいものを選べるようになってきた。 ○筆者の考えをより深く理解するために，実際にはさみを用いて，便利さや不便さを体験する。 子供用右利き，子供用左利き 大人用右利き，大人用左利き	・困っている児童がいれば机間指導中に見付け，指導する。 ・実物を用意して実際に使用させることで，きき手でない方のはさみは不便であるということ，それに比べてきき手の方のはさみは便利であるということに気付かせる。 **ポイント①**
10分 5分	○引用を用いて体験したことを文章にする。 例：今日はハサミを使いました。右利きのはさみは使いやすかったですが，左利きのはさみは使いにくかったです。太田さんが「同じ目的を果たす道具が，さまざまな立場の人に合わせて何種類も作られるようになり，一人一人が，その中から最も使いやすいものを選べるようになってきた」と言っているように右利きの私は右利きのはさみを知らないうちに選んでいることに気づきました。 ○引用あり，引用なしの文章を比較する。	・引用文の書き方が分かりやすくなるよう，ワークシートを使用する。 ・引用がある文とない文を比較することで，引用に焦点を絞った学習になるようにする。 **ポイント②**
5分	○裏付けとなる文を引用してみて，どう感じたか，学習を振り返る。	・視点を明確にしてから書かせる。 **ポイント③** ・振り返りがうまく書けない児童には前時に紹介した振り返りを参考にさせる。

❶実物を用いた活動をして思考を活性化する

　児童たちの振り返りを活性化するには，充実した言語活動をすることが必要不可欠である。具体的には右利きの児童には左利きのハサミ，左利きの児童には右利きのハサミを渡し，紙を切ってもらった。すると児童たちは自分とは違う利き手のハサ  ミはうまく切ることができない。そのことで児童たちは自然と教科書に書いてある「同じ目的を果たす道具が，さまざまな立場の人に合わせて何種類も作られるようになり，一人一人が，その中からもっとも使いやすいものを選べるようになってきたのです。」という文の意味が理解できる。そのことで児童たちは「本当に様々な立場の人に合わせて作られているんだ」と実感し，自然に引用しようと考えるのである。その結果児童たちは引用についての振り返りができるようになるのである。

❷引用を付け加えた文と引用をしない文を読み比べる

　引用という言語技術に注目した振り返りをさせるには，実際に引用するだけでは困難であると考える。なぜなら児童は引用した文章を見ていいところを探すように言っても，引用以外の点に注目してしまうかもしれないからである。そのため引用を付け加えた文と引用を付け加えてい  ない文を比較し，引用のよさを児童が気付けるようにした。そのことで児童は引用に注目した思考を行うことができ，振り返りにも引用について書くことができると考える。

❸振り返りの観点を示す

　これだけ引用を重視しても児童の中にはハサミを使った感想を振り返りに書いてしまう児童がいることが予想される。そこで振り返りを書く前に何について振り返りを書くのか示した。具体的には「裏付けとなる文を引用してみて，どう感じたか」という観点を示した。その結果以下のような振り返りが出てきた。

・引用なしだと個人が思っていることだと思われるけれど，引用するとああ，本当なんだと信じてもらえる。

・引用がないとその意見が正しいかどうか分からないと思われるけれど，引用すると本にも書いてあることだと思って信じてもらえる。

8　評価の工夫

❶毎時間の積み重ねとして振り返りを評価する

　評価の工夫は，毎時間継続して引用について振り返りを書かせたことである。そのことで児童の引用観の変化を評価することができる。最初は書き抜きとしか考えていなかった児童が，引用をすると自分以外の人も同じように言っているので説得力が増えるという引用のよさまで振り返りに書くようになったとすれば，児童の引用観が深まったと言うことができよう。

❷「主体的に学習に取り組む態度」として振り返りを評価する

　本単元では引用のよさを実感し，引用を使いたい意欲を高めるという意欲面までも評価の対象とした。これは学びに向かう力の一つと見ることができる。引用の方法を知っていても引用を二度と使いたくないと思わせてしまっては引用の方法を知らないのと全く同じか，それ以下になってしまうと考える。効果的に言語技術を使わせ，そのよさを実感させることで，また使いたいという主体的に学習に取り組む態度を育成することができると考える。

（若林宗乃子）

③ 6年「自然に学ぶ暮らし」(光村図書6年)

単元名：発信しよう！「自然に学ぶ暮らし」と私の考え
―学習前と学習後の自分の考え方の変化を捉える―

【時間数：全7時間】

1　この授業の振り返りのポイント

• 自分の考えと筆者の考えを比べながら学習し，自分の見方や考え方がどう変わったかを振り返らせる。

　児童は，これまでに様々な説明文を読んできた。卒業を前にしたこの時期の学習は，小学校での学びのまとめにあたる。児童には「この文章と出合って，自分の考えが広がった」「文章を読むことで，自分の生き方が豊かになっていく」という実感を味わい，卒業後も多くの文章との出合いを大切にできるようになってほしいと考えている。そこで，本単元の振り返りでは「読むことによって自分の考えがどう変わったか」という視点をもたせたい。学んだことによる自分の考えの深まり・広がりを自覚することが，次への学びへの意欲につながっていくと考える。

2　単元のねらいと概要

　「自然に学ぶ暮らし」は，リサイクルや省エネに取り組んでも地球の資源は少なくなってきているという現状を踏まえ，新しい暮らしの在り方には「自然から学ぶ」視点が大切である，という考えを述べた説明文である。自然の仕組みを利用している生き物の具体例を挙げ，その仕組みを実際に利用した暮らし方の一例を紹介している。

　児童は，これまでに総合的な学習の時間や社会科の学習などで，リサイクルや省エネに取り組むことの大切さを知り，生活の中でそれを実践してきている。また，未来の暮らしについては，ＡＩなどが発達して様々な機器が登場し，より便利になるだろうと漠然と考えている児童が多い。それに対して，「新しい暮らしの在り方を考えるために自然そのものから学ぶ」という筆者の考えは斬新である。児童はこの説明文を読んで，驚いたり，新鮮さを感じ

たり，共感したりするだろう。興味・関心をもって学習できる教材文であると言える。

　さて，本単元は，小学校6年間での最後の説明的文章の学習となる。これまでに培ってきた読む力（構造と内容の把握，精査・解釈，考えの形成，共有する力）を総動員して学ばせたいと考えた。

　そこで，既習の説明的文章でどのような学習をしてきたかを児童に想起させた上で，この単元ではどのような言語活動をしていきたいかを考えさせ，学習計画を立てた。最終的には，読み取ったことや自分の意見をリーフレット等の簡単な作品にまとめ，友達と読み合ったり，保護者など身近な大人に

読んでもらったりするという活動を計画した。書きまとめて作品に仕上げ，それを読み合う作業を通して，読み取った内容を整理して確実に理解するとともに，筆者の考えと比べながら自分の考えをより深めたり広げたりしていけることをねらいとした。

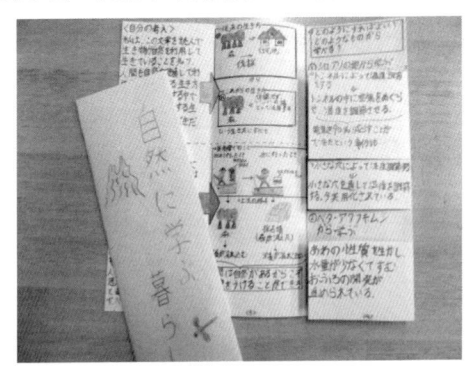

■ 3　主な評価規準

○文章の構成や展開，情報と情報の関係付けの仕方を理解して，リーフレット等の作品作りに生かしている。　　　　　【知識及び技能（2）イ】
○文章と写真を結び付けたり，事実と意見との関係を押さえたりしながら，文章全体の構成や筆者の考えを捉えている。　【C読むこと（1）ア，ウ】
○文章を読んで理解したことや，それに基づく自分の考えを，リーフレット等にまとめている。　　　　　　　　　　　　　【C読むこと（1）オ】
○「自然から学ぶ」という筆者の考えや説明の仕方に関心をもち，自分の考えと比べながら，進んで学習に取り組もうとしている。

【主体的に学習に取り組む態度】

4 単元計画（全6時間）

次	学習過程	学習の流れ
第〇次		○総合的な学習の時間に，「私たちが開く国分寺の未来」について考える。 ○自然と暮らしとの関わりに関連する図書資料を，学級文庫に置いておく。（司書教諭との連携）
第一次	学習課題の設定	第1・2時　学習の見通しをもち，学習計画を立てる。 ○未来の暮らしについて自分の考えを書く。　　　　ポイント① ○「自然に学ぶ暮らし」を読み，初発の感想を書く。 ○読みの課題を共有し，学習計画を立てる。 「自然に学ぶ暮らし」と私の考えを発信しよう。
課外		○分からない語句について，国語辞典や百科事典を使って調べる。
第二次	構造と内容の把握 精査・解釈	第3〜6時　文章の構成や筆者の考えを捉え，理解したことをリーフレット等の作品にまとめる。　　ポイント②③ ○文章の構成を捉え，要旨を把握する。 ○文章と写真を結び付けたり，事実と意見との関係を押さえたりしながら読み，必要な情報をまとめる。 ○筆者の考えや，取り上げられている事例など必要な情報を，自分が選んだ形式の作品にまとめる。
第三次	考えの形成 共有	第7時　自分の考えを書き加えて作品を完成させ，友達と読み合う。 ○筆者の考えと比べながら，自分の考えを書き，自分の作品を完成させる。 ○完成した作品を友達と読み合って考えを共有し，自分の考えを広げる。 ○単元の学習を振り返る。　　　　　　　　　　　ポイント④
	課外	○完成した作品を学校公開で展示し，友達や保護者，地域の人たちに読んでもらう。
	総合的な学習の時間	○本単元で学んだことを生かしながら，「私たちが開く国分寺の未来」の提言をまとめる。

5 単元全体の振り返りのポイント

❶学習前・学習後の自分の考えの変化を捉える

　本単元では，筆者の考えと自分の考えを比べながら読むことを通して，自分の考えを広げたり深めたりすることをねらいとしている。そのためには，学習前の自分の考えをはっきりさせておくことが必要である。そこで，学習のはじめに「自分が考える未来の暮らし」について書き，まず自分の考えをもつようにした。そして，その後に教材文と出合うことにより，児童は，自分の考えと筆者の考えとの違いを，実感をもって認識することができた。第１時の振り返りでは，そうした考えの違いに焦点を当てることで，児童が学習への意欲をもつことができた。

《第１時の振り返り》

・筆者の考えに驚いたのでもっと詳しく読み進めたい。

・この教材を読んで考えたことを誰かに知らせたいと思った。

　また単元の最後には，単元全体を通して，学習前と学習後の自分の考えがどのように変わったかに視点を当てて振り返りをした。

《単元最後の振り返り》

・学習前は，自然と付き合いながら暮らしていかなくても未来の生活に支障はないと思っていました。でも，学習後は，このまま今と同じように生活していくと資源がなくなってしまうことが分かり，未来の生活に支障がないように，今から少しずつ自然の仕組みを利用しながら生活することが大事だというふうに考えが変わりました。また，これから資源を使うことに関して，様々な制約がある中でどのように資源を使うか考えながら生活していくことも大事だなと考えました。

・ぼくは，「自然界の生き物の暮らしなんて真似できるの」と最初は思いました。でも，その反面，本当に自然に学んだ暮らしができたら画期的だなあとも思いました。そして，この文章の論点にスポットを当てて読み進めていくと，

図や写真とともに筆者の主張が強調され，これは本当に人間の生活に生かせると思いました。そして新聞にまとめる作業を通して，自分の考えが大きく変わりました。具体的に，自分でも何かできるのでは？　こうした暮らしを当たり前にしていけば少しずつ未来が変わっていくのでは？と思うようになりました。

　このことにより，児童たちは自分の学習結果の変化だけでなく，自分がとった読みの方略（論点にスポットを当てて図や写真とともに読む）の変化にも気を付けるようになった。このことから児童の学びに向かう力を育成できたと考えられる。

❷前時の振り返りを共有することから次時の学習を始める

　前時の振り返りの中から本時の学習につながるようなものを導入で取り上げて，それを学級で共有しながら本時の学習活動に入っていくようにした。自分たちの前時課題が本時のめあてになるという学習の流れを作ることで，児童が主体となって学習を進め，学習を深めていくことができた。また，そのことで児童の振り返りへの意欲を高めることもできる。

❸振り返りの視点を与える

　振り返りでは，その時間のめあてに照らして分かったことや感じたこと等に加えて，「筆者の考え方や説明の仕方はどうか」という視点をもたせるようにした。それにより児童は，文章の構成や展開，筆者の考え等に，より主体的に目を向けながら読み進めることができた。また，「自分の学習の仕方はどうだったか」「次はどのように学習をしていきたいか」という視点も大切にした。例えば第１時では，教材文を読んで感じたことに加えて，本単元をどのように学習していきたいか，既習の学習経験をもとにしながら考えて振り返りを書くように促した。その振り返りで出された意見をもとにして，第２時では単元の学習計画を作り，学習の見通しをもった。自分たちで考えた計画であるので，児童は意欲的に学習をスタートさせることができた。

6 本時の流れ（第4時／全7時間）

時	学習活動	指導上の留意点
5分	○前時の学習を振り返る。 ○本時のめあてを確認する。 内容のまとまりごとに，必要な情報を読み取り，まとめよう。	・前時の振り返りをもとに，本時の学習活動へつなげる。 **ポイント①**
15分	○教材文を読み，大事な言葉に着目しながら，「中」の部分（4～8段落）の内容的なまとまりごとに要点をノートにまとめる。	・まず自力で取り組ませる。 ・前時で学習した文章構成に着目しながら読み進めるように助言する。また，文章構成をつかむ上で大事な，接続語や順序を表す言葉，問いかけの言葉などにも着目させる。
5分 10分	○班でノートを読み合い，友達のまとめ方のよいところを見付ける。 ○ノートへのまとめ方を学級全体で共有する。 ＜よいまとめ方のポイント＞ ・生き物の暮らし方の例と，その活用例とを区別する。 ・どんな生き物が，何のどんな性質を利用しているのかをはっきりさせる。 ・図や矢印，箇条書きなどを使い，簡潔にまとめる。 ・数字に着目する。	・図や写真と本文とを結び付けながら読むように助言する。 ・ノートへのまとめがリーフレットの下書きにもなるので，予定している紙面の大きさに収まるよう，簡潔にまとめさせる。 ・学級全体での共有は，書画カメラを活用する。
5分	○共有したことをもとに，自分のノートを読み返し，書き加えなどをしながら，まとめる作業の続きを行う。	・まとめ方のポイントに気付かせ，それを自分のまとめに生かすようにさせる。
5分	○次時の学習内容を確認する。 ○振り返りを書く。	・本時で学んだこと，考えたことや，筆者と自分の考えとの比較，次時にどのように学習をしていきたいかなどを書くようにする。 **ポイント②③**

7　本時の振り返りのポイント

❶前時の振り返りを共有することから学習を始める

　まず，単元の学習計画を確認しながら，前時の学習を振り返り，本時のめあてを確認する。その際に，本時の学習につながる前時の振り返りを紹介し，共有したことを本時の学習に生かせるようにした。

《前時の振り返り》

・「まず」「次に」「これらのことから」「１つ目は〜，２つ目は〜」「さらに」などの言葉を使って接続しながら論を進めていて，筆者の説明の仕方がよいと思った。

・筆者は，分かりやすくするため，実際の写真・図などをもとにして説明していることが分かった。読むだけだと難しい文章も，照らし合わせながら見ると内容が頭に入ってきやすい。

《本時の学習にあたって》

・つなぎ言葉に着目しながら読んでいくと，内容が分かりやすそうだ。

・必要な情報を読み取るために，実際の写真・図などと文章とを照らし合わせ，関係付けながら読んでみよう。

---

❷自分の学習の仕方や自分が考えたことに対する振り返りをする

　学習して分かったことや感じたこと，考えたこと，筆者と自分の考えの比較等に加えて，自分の学習の仕方がどうであったか，また，次はどのように学習をしていきたいか等の視点で振り返るようにする。そのことによって，次にどのように学ぶべきか，またどのように学んだらよいのかを児童自身が分かるようになり，学びに向かう力の育成につながる。こうした振り返りが，次の学びの意欲へとつながっていく。

・友達のノートを読んだら，自分にはないまとめ方のアイデアがたくさん分か

りました。次はリーフレットにまとめることも考えて，大事なことをもっと
短くまとめていきたいです。

❸筆者の考え方や説明の仕方に対する振り返りをする

　本単元では，筆者の論の展開の仕方や，筆者の考えにも目を向けさせたい。そこで，振り返りの中に「筆者の考えや説明の仕方について，気付いたことや考えたこと」という視点も入れるように助言した。こうした振り返りが，次の学習をどのように進めていったらよいかのヒントにもなる。

・筆者の説明の仕方は，とてもよいと思いました。生き物がしている行動とその理由や効果などが，私たちにも分かる言葉で書かれていたからです。また，自然から学び造ったものがどれくらいすごいのか，数字を使って具体的に表されていてよく分かりました。

8　評価の工夫

　毎時間の振り返りを通して，学習の深まりを評価する。

　本単元の評価は，出来上がったリーフレット等の作品のみで行うのではなく，毎時間の振り返りを継続して評価し，児童一人一人の学習の深まりがどうであったかを捉えるようにしたい。文章を読み取る力がどのように付いてきたか，学習の仕方はどうか，教材文と向かい合うことを通して「私たちの暮らし」に対する考え方がどのように変わってきたかなど，教師が見取らねばならないことは多いが，毎時間の児童の振り返りの中に，見取りの鍵となる表現はたくさんある。

　振り返りを評価につなげるためには，教師が毎時間の振り返りに目を通し，それぞれの児童のよさを見付けて，それを価値付けることが大切である。振り返りに対して，肯定的なコメントを書いたり，波線・花丸などのマークを決めて書き入れたり，他の児童に紹介したりして，児童の学習の深まりを積極的に価値付けられるようにしていきたい。　　　　　　　　（加藤美穂）

4 読むこと（文学的文章）の授業プラン

① 2年「スイミー」(光村図書2年上)

単元名：オリジナル音読はっぴょう会をしよう
―協働学習を取り入れた授業における振り返りの工夫―

【時間数：全11時間】

1 この授業の振り返りのポイント

この授業では2種類の振り返りを行う。学習内容についての振り返りと学習方法についての振り返りである。自分が何を学んだのかだけではなく，友達とどう協働学習したかという学習プロセスを振り返ることをねらった。学習方法の振り返りは低学年には困難であるが，協働学習の手立てを明示したり，それを振り返り項目として提示することで，それを可能にしようと考えた。

2 単元のねらいと概要

本作品は主人公スイミーの行動によって場面が展開していく。スイミーの行動に着目しやすく書かれているので，スイミーの行動を通して物語の展開を押さえていくことで，豊かに想像を広げながら楽しんで読むことができる。仲間を失ったスイミーが，海の中の素晴らしいおもしろいものと出会い元気を取り戻していく様子や，スイミーが仲間と協力して大きな魚を追い出す結末等，児童がわくわくしながら読むことのできる教材だ。

また，物語の中に出てくる多様な表現は，児童の想像力をさらに引き出すものとなっている。詩的な叙述から海の中の素晴らしいものに思いをはせたり，体言止めや倒置法などで様子や心情を効果的に表していたり，声に出すとリズムを感じる語感のよさがあったりと，読んでいてとても楽しくなる表現が物語の中にたくさん散りばめられている。

本単元では，登場人物の行動や場面の様子から想像を広げたことを吹き出しに書き込ませ，それを音読発表に生かすようにさせる。また，グループで音読発表をするにあたって，自分が想像したことを友達と共有したり，よりよいものにしたりする過程では，話し合うことが重要となる。一人一人が想

像を広げて物語を読み，それを友達と共有し，音読発表という形にしていく楽しさや充実感を感じさせたい。

3 主な評価規準

○言葉には意味を表す働きがあることに気付いている。

【知識及び技能（1）ア】

○吹き出しに想像したことを書き込んでいる。　【C読むこと（1）エ】

○考えたことや思ったことの理由を付けて感想を書くことができる。

【C読むこと（1）オ】

○意欲的に音読をしている。　　　　【主体的に学習に取り組む態度】

4 単元計画（全11時間）

次	学習過程	学習の流れ
第一次	学習課題の設定	第1・2時　学習のゴールを知り，見通しをもつ。 ○物語の大体を理解する。 ○初発の感想を発表する。 オリジナル音読はっぴょう会をしよう。　ポイント① （教材文にはないスイミーの台詞を想像して付け足す） ○場面ごとに初発の感想を交流し，場面ごとの学習課題を捉える。
第二次	読み取り 吹き出し作り	第3時　スイミーの人物像を捉える。 ○叙述からスイミーの人柄や，海の中の様子を想像する。 第4〜7時　登場人物の気持ちを読み取り，付け足しの吹き出しを想像して音読する。　ポイント②③④ ○スイミーの吹き出しを書く。 ○グループでよい吹き出しについて話し合い，音読練習をする。 ○他のグループの吹き出しのよい点を出し合う。
第三次	音読発表会 感想	第8・9時　付け足しの吹き出しを含めて，グループごとに練習したり発表したりする。 第10時　叙述を根拠として感想を書く。
第四次	言葉の特徴やきまり	第11時　たとえを表す言葉を使って様子を表す文を書く。

5 単元全体の振り返りのポイント

❶オリジナル音読発表会の設定

　叙述にはない人物の台詞を付け足したオリジナル音読発表会を行う。それを事前に児童に伝えることにより，児童は人物の様子を読み取って想像したことを主体的に学習し，２種類の振り返りをしたりすると考えた。

❷協働学習の手立て

　この単元ではオリジナル音読発表会に向けて，毎時間，班で吹き出しを作る協働学習を行う。３人組でうまく話し合うための「話し合いシート」や話し合いをより活発にするための「はんのう名人」の掲示物を活用して協働学習を活性化し，協働学習への振り返りを引き出すことを考えた。

話し合いシート	はんのう名人
①ふきだしのはっぴょう と そのりゆうを 　一人一人話す。 　れい「わたしは〜と書きました。 　それは，〇〇〇からです。」 　　　　　　　　→はんのう ②グループのふきだしを かんがえる。 《ほうほう》 だれかのものにする 合わせる けずる あたらしくつくる 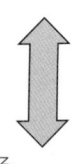 ③音読して ためしてみる。	・いいね。へぇ。わかるね。 ・なるほど。たしかに。 ・〇〇という ことばが いいね。 ・どうして？　なんで？ ・〜とにてるね。 　同じことを考えたよ。 　同じことばが 入ってるね。

❸ワークシートの工夫

　毎時間使用するワークシートの吹き出しには，自分の考えを書く欄と，協働学習で生み出された考えを書く欄を設ける。そのことにより，協働学習が円滑に進むようになったり，最初の自分の考えと協働学習後の考えを比べら

れたりできる。そのことにより協働学習による変化を児童が意識できるようになり，協働学習に対する振り返りを引き出すことを考えた。

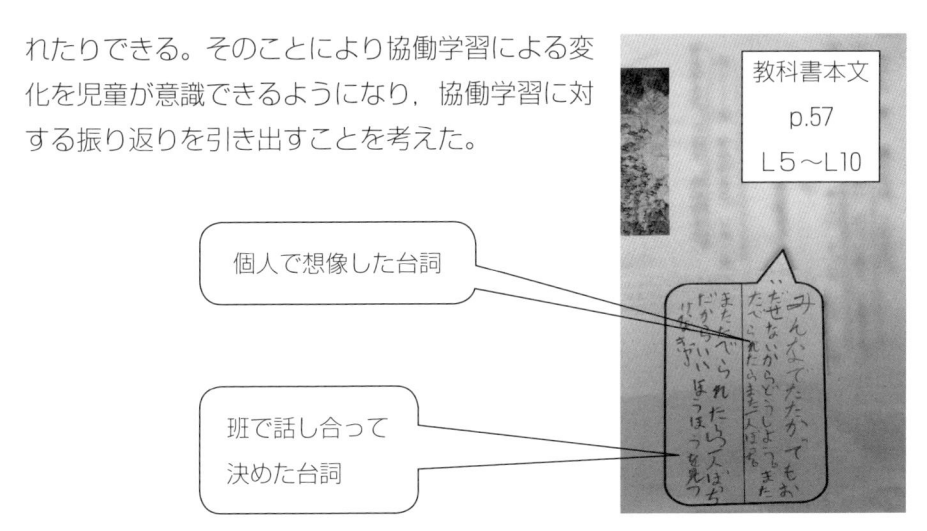

教科書本文
p.57
L5〜L10

個人で想像した台詞

班で話し合って
決めた台詞

❹2種類の振り返り欄

　毎時間使用するワークシートでは，学習内容に関する振り返りと協働学習に関する振り返りができるような自己評価の欄を設けた。そのことにより，学習内容と学習プロセスである協働学習の両方を低学年であっても区別して振り返りができるようにした。

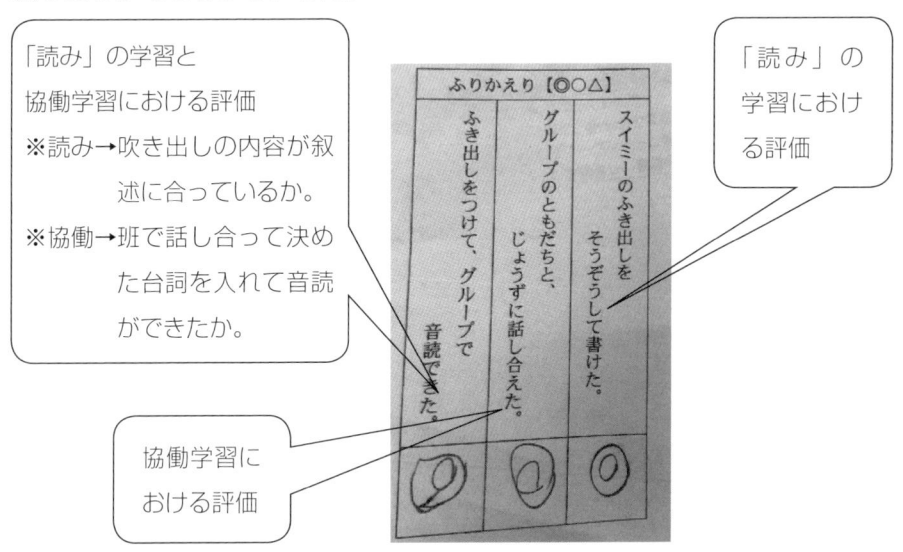

「読み」の学習と
協働学習における評価
※読み→吹き出しの内容が叙述に合っているか。
※協働→班で話し合って決めた台詞を入れて音読ができたか。

協働学習に
おける評価

「読み」の
学習におけ
る評価

時	学習活動	指導上の留意点
3分	○前時の学習を振り返る。 ○本時のめあてを確認し四の場面を音読する。 赤い魚をみつけた場めんのふき出しを考えて音読しよう。	・前時のあらすじとスイミーの気持ちの変容を確認する。　**ポイント①** ・全員音読をして，話の内容を確認する。
10分	○吹き出しを書くときの根拠となる部分を全体で確認する。 　・見つけた，出てこいよ，あそぼう，おもしろいもの 　・じっとしているわけにはいかない，考えなくちゃ ○スイミーの吹き出しを書く。 　「スイミーが考えていることを想像して，吹き出しを書きましょう」 　出てこいよ 　・みんなにもくらげとか見せたいよ。元気になるよ。楽しく過ごそう。一緒に泳ごう。 　なんとかかんがえなくちゃ。 　・そこにいても何も変わらないから。いい案があるはず。ここにもまたマグロが来るよ。出てきてほしいよ。	・赤でサイドラインを引かせる。 ・2つの叙述について，「吹き出しを書く→話し合う」活動を繰り返す。 ・吹き出しの右側に自分の考えを書かせる。 　**ポイント②** ★場面の様子や人物の行動・会話を中心に読み，吹き出しに想像したことを書き込んでいる。（ワークシート）
10分×2	○グループで吹き出しについて話し合う。 　協 小グループ 　（吹き出しをグループ内で発表する。 　音読発表会でグループとして付け加える吹き出しについて話し合う）	・グループとしての吹き出しは，左側に書かせる。 ・話し合いシートに沿って話し合わせる。 ・吹き出しに書いたことの理由を叙述に即して言うようにさせる。
10分	○他のグループの音読を聞いて，気付いたことを発表する。 　協 全体 　（他のグループの発表を聞いて，よさを見付	・吹き出し部分を板書し，みんなで共有できるようにする。 ・場面の様子が想像できる

	け合ったり，自分たちの吹き出しを見直したりする）	吹き出しになっているかを聞く。 ・他グループのよいところを受けて発表に生かすようにすることを伝える。
2分	○本時の振り返り 　[自己評価] ・スイミーのふき出しをそうぞうして書けた。（学習） ・グループのともだちと，じょうずに話し合えた。（協働） ・ふき出しをつけて，グループで音読できた。（学習・協働）	・学習内容と学習プロセスの両方を振り返るよう指示する。　ポイント③

7　本時の振り返りのポイント

❶掲示物を生かした振り返り

教科書本文 pp.53〜55

海の中の素晴らしいものをいっぱい見て，感動したり元気になったりしたスイミーの気持ちを表現した吹き出し

児童たちから出た吹き出しを掲示

教室に掲示されている前時までの叙述と付け足した吹き出しを見ながらこ

れまでの学習を振り返る。また，授業では取り上げることのできなかった吹き出しをここで紹介することができる。

❷吹き出しを付け足して音読をする

　本時では，叙述から想像したスイミーの台詞を個人で付け加えた後，班で交流し，班としての吹き出しを作る。吹き出しを付け足した音読発表会に生かすために，児童たちは個人で考えた吹き出しを持ち寄り，よりよい吹き出しとなるよう，主体的に協働学習をする。

　班で吹き出しを作った後は，場面のはじめから読み返すことによって，叙述の流れに合っているか，本当にスイミーの気持ちを台詞として表現できているかを確認することができる。このことにより，協働学習による変化やよさを児童が意識でき，学習内容だけでなく学習プロセスについても後で振り返ることができると考えた。

> 班で話し合って作った吹き出しを付け足して音読してみる。

> 代表でいくつかの班は，全体の前でも発表する。スイミーの台詞を読む児童はスイミーのお面をつけ，物語の世界に入って音読できるようにする。聞いている児童はその班の付け足した台詞のよさを見付ける。

❸学習と協働学習の振り返りができるワークシート

　本時の終末には，学習と協働学習の振り返りをする時間を設ける。学習の振り返りも協働学習の振り返りも，◎，○，△の3段階の評価とし，低学年でも簡単に分かりやすく自己評価できるようにした。学習の振り返りでは，スイミーの気持ちを想像して吹き出しを書くことができたかを自己評価する。協働学習の振り返りでは，協働学習の手立て（「話し合いシート」「はんのう名人」等）に沿って，友達と上手に話し合って学習することができたのかを自己評価する。今まで積み重ねてきた協働学習による変化やそのよさに気付くだけでは学習プロセスについて振り返ることは難しい。また振り返りシートを示すだけでは協働学習の変化やよさに気付くことができなければ学習プロセスを振り返ることはできない。その両方があって初めて実のある学習プロセスについての振り返りができるのである。

> 毎時間，ワークシートの最後にある表で自己評価をする。

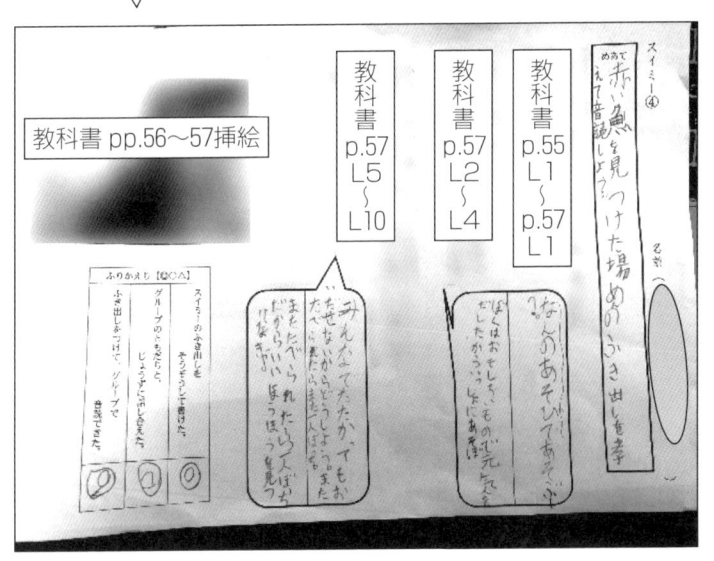

（佐藤葉子）

単元名：物語の作り手に「マイメッセージ」をとどけよう
　　　　―2種類の振り返りで学びの連続性を図る―

【時間数：全10時間】

1　この授業の振り返りのポイント

• 本時の目標に対する振り返りと読み取った内容に対する振り返りの2つを区別して，2種類の振り返りをさせる。

　日頃から，児童は国語科の授業で様々な学習活動をしている。授業後，中学年の児童に話を聞くと「どんな活動をしたか」という点については明確であっても「どんなことを学んだか」という点については曖昧であることが多い。そこで振り返りの観点をはっきりと2つに分け，児童に提示することをねらった。具体的には本時の目標に対する読む力についての振り返り，作品を読んだ内容に対する振り返りの2種類である。また，学んだことと感想の振り返りを明確にし，成長を感じさせることで「次は〜したい」「もっと〜ができるようになりたい」といった次の学びにつながる思いや願いが生まれると考える。

2　単元のねらいと概要

　『わすれられないおくりもの』は，作者スーザン＝バーレイが美術大学4年生のときに卒業制作として作成した作品である。この作品を書く半年程前に作者は大好きだった祖母を失くしている。大切な人の死に直面した作者が，祖母への思いを込めて「死」に対する向き合い方を描いている。あなぐまの穏やかな死によって物語が始まり，森の動物たちの心があなぐまの死に対する悲しみから前向きに生きていこうとする気持ちへと変化する。さらに，物語を読み進めていくうちに「おくりもの」とは単なる「物」ではなく森の動物たちの心に残った「思い出」や「知恵」「工夫」であることが分かる。物語の世界に浸り，味わうことで「死」への向き合い方や目には見えない「おくりもの」について考えることができるだろう。優れた文学作品と出合うこ

とによって自分のものの見方や考え方が変わったり深まったりするという読書の価値を体感できるようにしたい。

『わすれられないおくりもの』絵本カバーの袖部分には，作り手の願いも書かれている。そこで，最終的な言語活動を『わすれられないおくりもの』の作り手（作者，翻訳者，出版社）に作品との出合いを通して，感じたことや考えたことを届けることとする。この言語活動は，児童の興味・関心を高めるとともに，じっくりと教材を読み取り内容を理解する必然性を高める課題である。「作品の読み取り方」だけでなく「作品との向き合い方」という視点において，児童の読書生活が豊かになることを期待したい。

〈マイメッセージ集〉

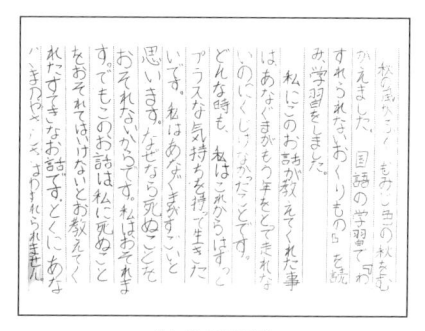

〈中身の写真〉

3 主な評価規準

○様子や行動，気持ちや性格を表す語句の量を増し文章の中で使っている。

【知識及び技能（1）オ】

○登場人物の気持ちの変化について，場面の移り変わりと結び付けて具体的に想像している。 【C読むこと（1）イ】

○文章を読んで理解したことに基づいて，感想や考えをもっている。

【C読むこと（1）オ】

○物語を読むことに興味・関心をもつとともに，学習に見通しをもって取り組み，自分の学習を振り返って次につなげようとしている。

【主体的に学習に取り組む態度】

4 単元計画（全10時間）

次	学習過程	学習の流れ
第〇次		○心が温かくなるような作品の読み聞かせを聞く。 ○作品に出合う前に「いのち」や「死」に対するイメージをもつ。（道徳との関連）
第一次	学習課題の設定	**第1・2時** 学習のゴールを知り，見通しをもつ。 ○最終的な言語活動のイメージを明確にもつ。 物語の作り手に「マイメッセージ」を届けよう。 ○『わすれられないおくりもの』を読み，初発の感想（読みの課題）を書く。 ○読みの課題を共有し，学習計画を立てる。 **ポイント①**
課外	○分からない語句について，国語辞典を使って意味を調べる。	
第二次	構造と内容の把握 精査・解釈	**第3時** 物語の設定を捉える。 ○登場人物や時・場を確認する。 **第4〜7時** 登場人物の人柄や気持ちを読み取る。 ○あなぐまの人柄を捉える。 **ポイント②③** ○あなぐまの死について考える。 ○動物たちの気持ちの変化を想像する。 ○「ありがとう。あなぐまさん。」に続く言葉を考える。
第三次	考えの形成 共有	**第8時** 作品を通して考えたことを書く。 ○作品との出合いによって感じたことや考えたことを作り手への「マイメッセージ」として書く。 **第9時** 書いた文章を友達と読み合う。 ○友達が書いた文章を読み，一人一人の感じ方などに違いがあることに気付く。
	外国語活動	○本校 ALT と連携し，作者スーザン＝バーレンさんへのメッセージを英訳する。
	課外	○物語の作り手に向けたマイメッセージ集を郵便ポストに投函する。
第三次		**第10時** 単元の学習を振り返る。 ○出版社や作者から届いたメッセージを読み，単元全体の振り返りを書く。 **ポイント④**

5 単元全体の振り返りのポイント

❶学習計画と振り返りを一体化する

本単元では，ワークシートの裏表紙に学習計画と振り返りが一体となった表を用意した。これにより，その時間のめあてに対応した振り返りを書くことができる。また，学習計画表があることにより，見通しをもって次につなげる振り返りを書くこともできる。

❷振り返りを掲示して紹介する

振り返りの内容は，個人差が大きく「楽しかった」「おもしろかった」という感想から脱却し切れていない児童もいる。そこで，自分の学びを具体的な言葉で振り返ったり，次の学習への思いが書かれたりした振り返りを学習計画表の下に記録し教室内に掲示した。自分の振り返りを見付けて喜んだり，友達の振り返りを読んで「なるほど」と納得したりする児童の姿が見られた。

教師が積極的によい振り返りを紹介し価値付けることで，質の高い振り返りの書き方を学級全体に広げることができる。

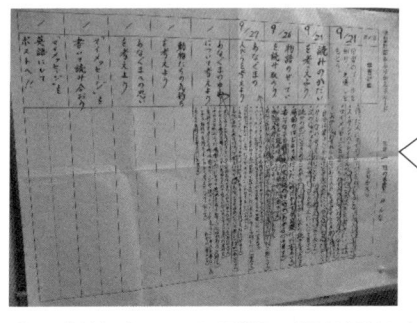

Aさんの「登場人物の気持ちを考えるときは，前のページや後ろのページを見ることも大切だということが分かった」という振り返りは，学んだことを自分の言葉で詳しく表現できているね。

❸1単位時間で2種類の振り返りをする

本単元では，1単位時間において2種類の振り返りをした。

1つ目は，「めあてに対する振り返り」であり，前述したようにその時間で学んだことや次の学習への思いや願いを自分なりの言葉で表現する。

・今日の学習で〜が分かった。
・次の学習では〜。

もう一つは，「読み取った内容に対する振り返り」である。最終的な言語活動「物語の作り手に『マイメッセージ』をとどける」に向けて，作品を通して自分が感じたことや考えたことを「今日のマイメッセージ」として毎時間書き溜めることとした。なお，以下のような明確な視点を示して振り返りを書かせることで，ねらいに即した活動になると考えた。

《マイメッセージを書く視点》

・自分の心にのこったところとその理由

・自分の経験と重ねて

・もし自分が○○（登場人物）だったら

・作品に出会う前と出会った後の考え

・これからの自分について

---

❹単元の振り返り

　本単元では，物語の作り手に向けたマイメッセージ集を出版社へ送り届けた。すると，しばらくして出版社と作者であるスーザン＝バーレイから返事が届いた。そこで，実際に届いた返事を読んで単元全体の振り返りを行った。すると「今度は，説明文を書いた人に自分の思いを届ける学習をしてみたい」「これから，本を読んだら自分でも感想カードを送ってみたい」「これからは，作者がどんな思いで物語を書いたのか考えながら読書をしたい」など，次の単元の学びに向かう力や読書生活を豊かにしていこうとする態度の高まりが見られた。

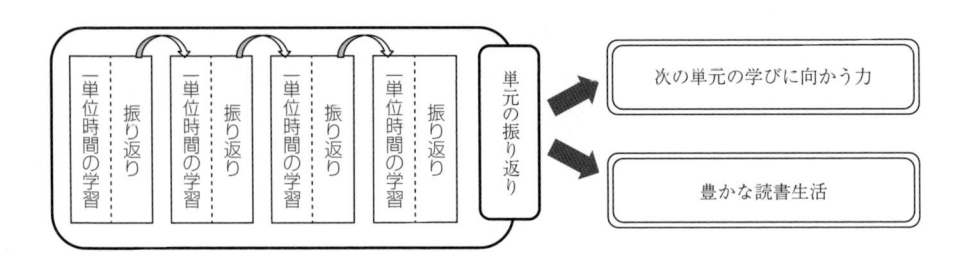

6 本時の流れ（第7時／全10時間）

時	学習活動	指導上の留意点
3分	○前時の学習を振り返る。 ○本時のめあてを確認する。 動物たちの気持ちがどのように変化したか考えよう。	・前時の振り返りをもとに，本時の課題設定へつなげる。 ポイント①
5分 10分 7分	○場面四（あなぐまの死を知った場面）から場面七（雪が消えたころの場面）までを音読する。 ○課題に対する自分の考えを表現する。 ・サイドライン ・ハートメーター ・吹き出し ・登場人物の表情 ○ペアでの対話を通して，自分の考えを広げたり深めたりする。 ＜対話の視点＞ ・ハートメーターをもとに，共通点や相違点を見付ける。 ・なぜそう考えたのか理由や根拠を問う。	・登場人物の気持ちを想像しながら読むように声をかける。 ・ハートメーターにプラスの気持ち（赤），マイナスの気持ち（青）を描くことで，気持ちの変化を可視化できるようにする。 ・同じ登場人物を選んだ児童同士→違う登場人物を選んだ児童同士の順で対話をする。 ・対話の視点を確認する。
15分 3分	○クラス全体での対話を通して，動物たちの気持ちの変化について考える。 ○読み取った内容に対する振り返り「今日のマイメッセージ」を書く。 ・自分の心に残ったところとその理由 ・自分の経験と重ねて ・もし自分が○○（登場人物）だったら ・作品に出合う前と出合った後の考え ・これからの自分について	・登場人物の気持ちの変化における共通点を確認する。 ・作品を通して感じたことや考えたことを書くように促す。 ポイント②
2分	○次時の学習内容を確認する。 ○めあてに対する振り返りを書く。	・本時で学んだことや次の学習への思いや願いを自分なりの言葉で表現できるようにする。 ポイント③

7　本時の振り返りのポイント

❶導入時に前時の振り返りを活用する

　まず，教室に掲示してある振り返りを紹介しながら，前時に学習したことを確認する。また，次の時間に向けた思いを表現している振り返りを紹介し，本時の課題設定と結び付けた。こうすることで，教師が一方的に与える課題ではなく，児童の思いや願いを生かした課題を設定することができる。

> 《前時の児童の振り返り》
> ・次の時間は，「もぐら」の気持ちについて話し合いたい。
> ・次は，動物の気持ちがどうして変わったのか考えたい。

> 《本時の課題》
> ・動物たちの気持ちがどのように変化したのか考える。

❷読み取った内容に対する振り返りをする

　本時では，児童が「もぐら」「かえる」「きつね」「うさぎ」の中から自分の好きな登場人物を選んで気持ちの変化を読み取る。そして，読み取った内容に対する振り返りを「今日のマイメッセージ」として書く活動を設定する。第二次において毎時間継続し，書き溜めたことを第三次で活用する。

> 　わたしのおばあちゃんは，わたしが５さいのころになくなってしまいました。今でも，しゃしんを見ると悲しくなります。でも，これからは森の動物たちのように，楽しい思い出を大切にしていきたいです。

> 　ぼくは，この物語を読む前「おくりもの」はクリスマスやたんじょう日にもらうプレゼントだと思っていました。でも，この物語を読んで目には見えない「思い出」も大切なおくりものなんだなと思いました。

❸めあてに対する振り返りをする

　本時の終末には，めあてに対する振り返りを書く活動を設定する。この時

間に学んだことを自分なりの言葉で表現することによって，学びの自覚化につながる。また，学習計画表をもとに次のめあてに対する思いや願いなどを表現することで学びの連続性を図る。

> 今日の学習で，登場人物はちがってもハートメーターの悲しみが少しずつへっていくところは同じことに気がつきました。次は，あなぐまに対する森の動物たちの思いをくわしく書きたいです。

8　評価の工夫

❶「考えの形成」として振り返りを評価する

評価の工夫は，毎時間継続して書く振り返りを評価対象とした点にある。一般的に，物語を読むことにおける「考えの形成」は1単元の中で1時間のみ扱うことが多いだろう。しかし，本単元では第二次の計5時間の中で少しずつ自分の考えを積み重ね，第三次で最終的な考えをまとめる。このような継続的な振り返りを行うことで，形成的評価が可能となり，結果的に自分の考えを表現する力が育成される。

❷「主体的に学習に取り組む態度」として振り返りを評価する

本単元では，毎時間のめあてに対する振り返りを見取ることで「主体的に学習に取り組む態度」に関する事項を評価する。学習全体を見通して「次は〜したい」「もっと〜できるようになりたい」等の思いが児童の学びに向かう力を高める。毎時間教師が児童の振り返りにコメントを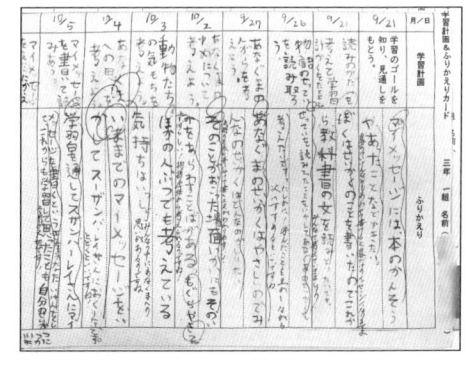書くことで，一人一人の振り返りに目を通し，頑張ったことへの称賛や新しい気付きへの共感，次の時間への励まし等，肯定的なコメントを残すことで児童の学びに向かう力を一層高めることができる。

（武井二郎）

③ 6年「海の命」(光村図書6年)

単元名：登場人物の関係をとらえ，人物の生き方について話し合おう
─登場人物になりきって生き方を考える─

【時間数：全8時間】

1 この授業の振り返りのポイント

- 本実践では学級を半々にし，太一と与吉じいさ，太一の母と父になりきって学習を進めていく。第4・5時では，初発の感想の際に出た疑問に対して，登場人物の考え，口調やしぐさなども叙述をもとに想像しながら返答をした。次の時間ではそれぞれの人物の考えを聞いて，登場人物になりきって学習感想を書いた。

- また，学習感想も小学6年生の自分と登場人物になりきって書く2種類の振り返りをした。そうすることで，個人と登場人物での違いに触れ，さらに物語の世界に入り込み，人物の生き方について深く考えることをねらいとした。授業後の児童の感想には，「なりきって考えることの方が深い読みができるようになった」「年齢・性格・口癖などを想像することが楽しかった」とあるように，日頃，学習感想は児童自身の考えを書くことがほとんどだが，登場人物になりきって考えることは，読みを深め，物語の世界に入り込む一つの手立てとなった。

2 単元のねらいと概要

　本作品には，自然を舞台に太一の成長する姿が描かれている。村一番であったもぐり漁師の父。それを見て育った太一は幼い頃から漁師になると決めていた。しかし，父は「瀬の主」と言われる大きなクエに勝負を挑み，息絶えてしまった。父の死を乗り越えようと太一は与吉じいさに弟子入りする。与吉じいさのもとで村一番の漁師に成長していった太一が，ついに父が勝てなかった瀬の主と対面する。少年のときの夢と対面しながら，あえて勝負を挑まず，海の命とは何か，大きなものをつかみ太一はさらに成長していく。

　本作品を通じて，一人の人間の成長には，周囲の人間の存在が大きく関わ

ってくること，また，太一にとっての海やクエのように人間の成長の過程には何らかの影響をもつ事物や事象があるということに気付かせたい。そして，これを自分に置き換えて考え，自分自身を見つめ直すきっかけとしたい。

　本単元の読みは，登場人物の生き方について読みを深めていく。主な登場人物は「太一」「与吉じいさ」である。この２人の言動を読みの中心として，生き方をまとめ，語れるような読みをしていきたい。

３　主な評価規準

○比喩や象徴などの表現の工夫について気付いている。

【知識及び技能（１）ク】

○登場人物の相互関係や心情などについて，描写をもとに捉えている。

【C読むこと（１）（イ）】

○文章を読んで理解したことに基づいて，自分の考えをまとめている。

【C読むこと（１）（オ）】

○作品に描かれている登場人物のつながりや心情を読み取りながら，主人公の生き方について自分の考えを伝えている。

【主体的に学習に取り組む態度】

４　単元計画（全８時間）

次	学習過程	学習の流れ
第一次	学習課題の設定	第１時　単元のゴールイメージをもち，見通しをもつ。
		登場人物になりきって生き方を語ろう。
		○「海の命」を通読し，内容を確認する。
		○初発の感想を書く。　　　　　　　　　　　ポイント①
第二次	構造と内容の把握	第２時　できごとの流れを大きく捉える。
		○登場人物・時・場の確認する。
		○場面ごとに一文で小見出しを付ける。

	精査・解釈	第3時　登場人物の関係を捉える。
		○太一が影響を受けた人物の確認をする。
		○「太一」「父」「与吉じいさ」「母」の関係性をイメージマップで書き，人物関係図を作成する。　ポイント②
第三次	考えの形成	第4・5時　登場人物の生き方について考える。
		○「母」「父」「太一」「与吉じいさ」の生き方を描写から読み取り，短い言葉で生き方をまとめる。
		○「母」「父」「太一」「与吉じいさ」になりきってインタビュー形式で生き方を語り合う。　ポイント③
		【生き方，口調，姿勢など読み取ったことをグループで相談し発表する】
	共有	第6時　登場人物になりきって学習感想を書く。
		○太一，与吉じいさになりきってそれぞれの立場に合った思いを書く。
		第7・8時　単元の学習を振り返る。
		○単元を通して感じ取った登場人物の生き方を中心に1枚の紙にまとめる。　ポイント④

5　単元全体の振り返りのポイント

❶単元を通してねらいと評価の一体化

　本単元では，登場人物になりきって生き方を語ることを，単元を通して意識させる。そのために，生き方を語るとはどういうことか，登場人物になりきるとはどのようなことかを児童がイメージをもって学習を進めることが大事である。導入時に単元のゴールをイメージできるよう目指す姿を共有する。

◎生き方を語る姿……NHK「プロフェッショナル〜仕事の流儀〜」における番組クライマックスに「あなたにとって，○○とは」の箇所（映像を見

ながらイメージをもつ）

◎登場人物になりきる……児童自身が「太一」や「与吉じいさ」なら，話す内容，相手に対する思い，口調，声の抑揚・大きさ，姿勢などはどうなるか叙述をもとに考え，表現する。

❷場面の小見出しや人物関係図を掲示し内容を大まかに理解する

大まかに本文の内容を捉えるために，場面ごとに小見出しを付ける。音読を重視し，単元学習に入るまでに5回以上は音読をし，内容理解に努める。そのため，小見出しは児童によって様々だが，本文の叙述をもとにした言葉がたくさん出てきた。

また，登場人物の関係を押さえていくために人物関係図を学級でまとめていく。授業後，教室に掲示しておくことで常に本文の内容，登場人物の関係を振り返られるようにした。

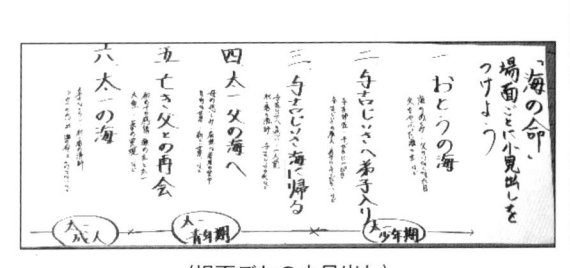

〈場面ごとの小見出し〉

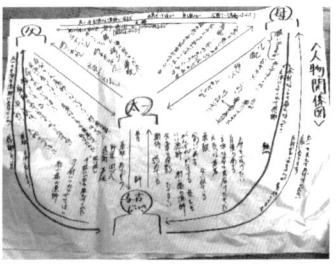

〈人物関係図〉

❸登場人物になりきって振り返りをする

本単元第4・5時では，登場人物の生き方を短い文にまとめたり，人物になりきってインタビューに答えたりする活動をした。本時を振り返って児童自身の言葉で学習を振り返り学習感想を書く。

第6時では前時までのインタビューのやりとりを聞いた結果，なりきった人物ならどう考えるか，という学習感想を書いて単元を振り返った。この活動を通して，児童は前時に行ったインタビューの応答以上に深く人物の生き方を考え，相手の思いに触れる感想を書くことができた。

《児童の感想より》

〔与吉じいさ←太一〕

・太一が親へのあこがれを忘れずに漁師になろうとしたことを知り，わしも漁師として自分が誇らしく思えたわい。確かにあの瀬の主には太一の父の魂が宿っておる。殺さないのは当然じゃ。

・わしは太一の心の強さに感動した。父親が亡くなっても夢をあきらめないというのはかっこいいと思う。

〔太一←与吉じいさ〕

・ぼくは与吉じいさが海の命を守り，千匹に一匹だけでよいと言っていたので，瀬の主を捕らず海の命を守りながら受け継ぎたいと思います。

・ぼくのことをそんな風に思っていてよかったです。無理やりなお願いでしたが，弟子にしてくれてありがとうございます。いつまでも海のめぐみを大切にします。

❹単元の振り返り

　単元の終末には，「作品の心」と題して，単元を通して考えた登場人物の生き方や生き方から学んだことをまとめて振り返った。白紙の画用紙１枚に児童が工夫しながらまとめていくことで，思い思いの作品が出来上がった。

〔作品の心〕

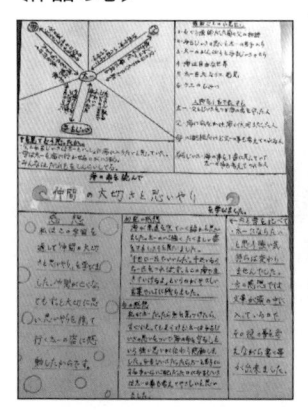 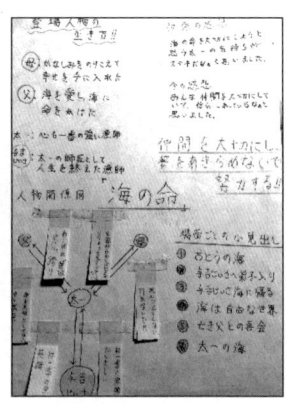 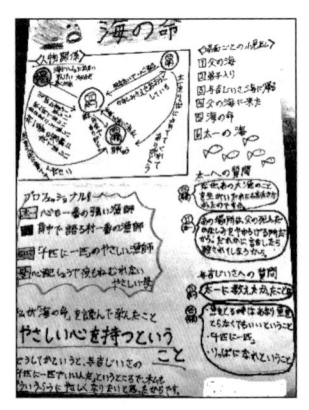

6 本時の流れ（第5時／全8時間）

時	学習活動	・指導上の留意点
1分	○前時の学習を振り返り，本時のめあてを確認する。 太一・与吉じいさになりきって，生き方を語ろう。	
4分	○全文音読をする。	・全文を微音読する。
5分	○「太一」「与吉じいさ」の生き方について考える。	・「太一」「与吉じいさ」どちらか一方の生き方を選択し，考える。 **ポイント①** ・心内対話で人物の生き方を短文に表すよう指示する。
10分	○生き方を短文にまとめ，理由を考える。（個人）	・叙述をもとに太一・与吉じいさの性格や考え方などを判断し表現するよう指示をする。 **ポイント②**
10分	○「太一」「与吉じいさ」になりきり，生き方を伝え合う。（グループ）	・インタビューは児童同士行う。（太一→与吉じいさ，与吉じいさ→太一）
7分	○質問に対してインタビュー形式で人物の考えを発表する。 ○生き方を全体に発表する。	・人物の生き方をそれぞれ短冊に書いて発表する。
7分	○本時を振り返る。	・本時で受け取った太一・与吉じいさの生き方について感想を書く。 **ポイント③**
1分	○次時の活動を知る。	・次時は，登場人物になりきっての感想を書くことを伝える。

7 本時の振り返りのポイント

❶登場人物になりきるための振り返り

　単元導入時に共有したゴールイメージを振り返る。また，前時は太一の父と母どちらか一方を児童が選択し，なりきる活動をした。それらを振り返ることで，本時の学習活動に円滑に入り込むことができる。

❷選択した人物の生き方を語れるようにするための振り返り

　本時のメインの活動である質問に対するインタビュー形式での受け答え。本文の叙述をもとに人物の人間性を考え，第2時で行った人物関係図をもとに「太一」と「与吉じいさ」の人間関係を振り返る。そうすることでそれぞれのことをどう思っているのか，質問に対する答える内容や話し方を考える手立てとなる。

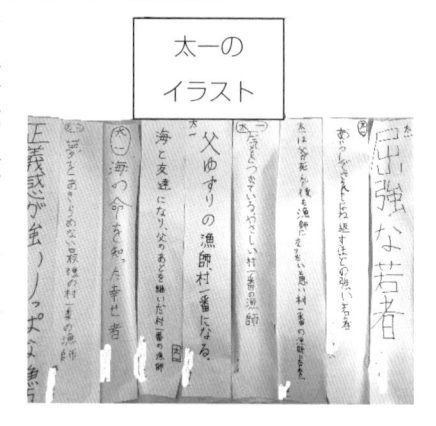

【インタビュー質問】

〔太一に対するインタビュー〕

　　・なぜ瀬の主をつかまえなかったことを誰にも言わなかったの。

　　・お父さんをたおしたかもしれない瀬の主をなぜつかまえなかったの。

　　・お父さんが死んでしまっても漁師になりたいと思うのは，なぜ。

〔与吉じいさに対するインタビュー〕

　　・太一が弟子にしてくれとたのみに来たとき，どう思いましたか。

　　・太一に教えたかったことは，何ですか。

　　・太一の父が死んだと聞いたとき，どう思いましたか。

❸めあてに対する振り返りをする

　本時の終末には，めあてに対する振り返りを書く活動を設定する。この時間に考え感じ取ったことを自分なりの言葉で表現することによって，人物の思いや生き方を再構築することにつながる。

- ・太一が親を思いやる気持ちは本当に見習いたいし，死んだ父の魂が瀬の主に宿っていると考えている太一を見て，とても感動しました。
- ・ぼくは与吉じいさのインタビューをきいて，太一のことを考え，いつもそばにいてくれている家族同然のものだと考えました。そしてだれよりも海を愛しているんだなと感じました。

8　評価の工夫

❶登場人物になりきった学習感想で振り返りを評価する

　評価の工夫は，第5・6時の学習感想である。振り返りの感想は児童自身の言葉で書くことがほとんどであろう。本単元では「人物になりきる」活動から生き方に迫る単元構成とした。この手立てを生かし，なりきった状態で学習感想を書き，「人物の生き方」に迫ることができたか見取ることができた。また，第5時では児童自身の学習感想，第6時ではなりきった人物の言葉で感想を書くことで，多角的に単元の学習を振り返ることができた。

❷「主体的に学習に取り組む態度」として振り返りを評価する

　本単元では，単元のゴールイメージを常に意識して取り組めるよう学習計画を立てた。登場人物になりきる楽しさやよさを実感できるよう，国語科だけではなく，社会科でも歴史上の人物になりきって歴史事象を考えたり表現したりして教科横断的に学習を進めていった。

　評価の工夫は，児童の意欲的な態度に称賛の言葉をたくさんかけ，自信をもって意見が言えるようにした。単元を通して児童は楽しんで活動に臨み，表現力が身に付いてきた。叙述をもとにして考える態度は，児童の意欲からどんどん引き出されていたため，教師は称賛の言葉かけに徹して評価をしていった。

（小髙　寛）

おわりに

　理論編にあるように，改めて学びに向かう力が注目されるようになり，児童が活動や思考のプロセスを振り返り，課題や問題がどのくらい改善されているか解決に向かっているかを児童自身に意識させたり自覚させたりすることが大切にされている。なぜ，このようなことが大切にされているかと言えば，振り返ることによって，主体的に学ぶことにつながるからである。

　では，これまでも振り返りを大切にしていなかったかと言えば，そんなことはない。授業の終末に振り返ったり，授業の導入で前時の振り返りを紹介したり確認したりしてきただろう。しかしそのような教科をこえた力である学びに向かう力を国語科でもきちんと育成すべきではないか，と提案したのが本書である。本書の特徴を3つにまとめて紹介する。

　1つ目は，準備編である。準備編は，国語科に限ったことではなく，日常の学級経営や他教科の授業においても活用できることである。学びに向かう力や人間性等を育てるということは，一朝一夕にできることではない。一つ一つの積み重ねがあって，身に付いていくものである。学習感想，日記，数字の評価，板書，文字記録や動画，付箋，口頭（コメント），バディ，学級外というアイデアが示されている。授業で児童が学びを振り返るための素地として，これだけの活動や方法があるのである。一体，自分は，どれだけのことを意図的に学級経営や普段の授業に取り入れていただろうかと自問してしまう読者もいることであろう。これらのことを，一日の中で全て行っては，児童にとって振り返りが負担になってしまうだろう。どれか1つか2つくらいを，ご自身のテーマとして学級に取り入れていくことがスタートとしては望ましいのではないかと思う。さらに熟練の先生方であれば，様々な学習や生活場面で選択して取り入れるということもできそうである。児童が振り返るという活動のよさや意味について，自然と身に付けていけるように，準備編を活用していただけると幸いである。

２つ目は，実践編である。国語科における振り返りとして，具体的に何を振り返るかということとつながりを意識している。理論編では，学習結果の分析，学習プロセスの分析，感情の分析，変化の分析の４つを挙げている。実践編を読むと，これらの４つがばらばらにあるのではなく，関わりをもっているということが分かる。例えば，話すこと・聞くことの授業プラン低学年「ぼく，わたしのすきなこと教えます！」では，なかなか振り返りができない児童に対して，教師の聞き取りによって，学習プロセスの分析ができていないけど，感情の分析ができているということを教師がつかむことができた。まだ，低学年なので，振り返りにも教師の力が多大に必要な児童もいるだろう。本実践では，そのような児童の実態に応じて，バディによる相互評価での振り返りをさせている。その後，バディからの評価によって安心感と自信をもって学習に取り組んでいる様子が紙面にある。もう一つ，高学年「よりよい公園づくりについて考えよう」では，めあてに対する振り返りを通して，なかなか客観的に自分の学びを見ることが難しい話し合いの学びを見返している。これは，学習結果から学習プロセスを見つめ直すことになり，よりよい話し合いに向けて児童たちが調整していく様子が目に浮かんでくる。実践編において，何をどう具体的に振り返るかが明らかになっている。

　３つ目は，本書のタイトルにもあるが，まさに，振り返り活動の「アイデア」事典であるということである。アイデアというものは，そのときその場で思いつくものであり，状況が異なれば，そのまま活用できるものではない。しかし，事典のように，話すこと・聞くこと，書くこと，読むことの３領域に低・中・高学年の実践が網羅されている。読者によっては，読むことの授業に書くことの振り返りの方法を活用したり，中学年に低学年の方法を少しレベルアップさせてみたりという新たな「アイデア」が思い浮かんでくるのではないかと推察する。教師が，アイデアを多くもつことで，児童の学びがより多く引き出されることを期待している。

　2019年４月　　　　　　　　　　　　　　　　　　　　　　　　成家雅史

【編著者紹介】

細川　太輔（ほそかわ　たいすけ）
東京学芸大学准教授。

成家　雅史（なりや　まさし）
東京学芸大学附属小金井小学校。

【執筆者紹介】

土屋　晴裕	東京学芸大学附属大泉小学校
栗栖衣里奈	埼玉県さいたま市立仲町小学校
伊藤　浩平	東京都墨田区立押上小学校
伊藤　愼悟	東京都杉並区立杉並第八小学校
清水久美子	東京都あきる野市立草花小学校
図師　和哉	東京都墨田区立中川小学校
森田　愛子	東京都世田谷区立中丸小学校
清水　絵里	東京都北区立稲田小学校
若林宗乃子	東京都江戸川区立大杉第二小学校
加藤　美穂	東京都国分寺市立第七小学校
佐藤　葉子	東京都大田区立田園調布小学校
武井　二郎	東京都台東区立上野小学校
小髙　寛	東京都江東区立深川小学校

〔本文イラスト〕木村美穂

国語授業アイデア事典

主体的に学習に取り組む態度を育てる！
小学校国語科振り返り指導アイデア

2019年6月初版第1刷刊　©編著者　細川太輔・成家雅史
2021年11月初版第2刷刊　発行者　藤　原　光　政
発行所　明治図書出版株式会社
http://www.meijitosho.co.jp
（企画）木山麻衣子（校正）㈱東図企画
〒114-0023　東京都北区滝野川7-46-1
振替00160-5-151318　電話03(5907)6702
ご注文窓口　電話03(5907)6668

＊検印省略　　組版所　株式会社木元省美堂

Printed in Japan　　ISBN978-4-18-295416-0
もれなくクーポンがもらえる！読者アンケートはこちらから　→